法官手记

法/不/容/情

张世琦

著

辽宁人民出版社

©张世琦　2021

图书在版编目（CIP）数据

法官手记.法不容情/张世琦著.—沈阳：辽宁人民出版社，2021.1（2022.1重印）
ISBN 978-7-205-09963-3

Ⅰ.①法… Ⅱ.①张… Ⅲ.①案例—汇编—中国 Ⅳ.① D920.5

中国版本图书馆 CIP 数据核字 (2020) 第 183045 号

出版发行：辽宁人民出版社
　　　　　地址：沈阳市和平区十一纬路 25 号　邮编：110003
　　　　　电话：024-23284321（邮　购）　024-23284324（发行部）
　　　　　传真：024-23284191（发行部）　024-23284304（办公室）
　　　　　http://www.lnpph.com.cn

印　　刷：辽宁新华印务有限公司
幅面尺寸：145mm×210mm
印　　张：9
字　　数：187 千字
出版时间：2021 年 1 月第 1 版
印刷时间：2022 年 1 月第 2 次印刷
责任编辑：娄　瓴
封面设计：琥珀视觉 - 高鹏博
版式设计：白　咏
责任校对：吴艳杰
书　　号：ISBN 978-7-205-09963-3
定　　价：36.00 元

序

每个人的一生都可以写出一本书，我也不例外，但我不想写自传。因为我年纪大了，所剩时间不长，要抓紧时间写人间百案。1979年至2008年，我在辽宁省高级人民法院当法官。审理案件是我这一生的主要工作，我就想把我审理过的和在当法官期间了解到的案件，挑选一些写出来。让人们知道，在中国大地上，曾经发生过这样一些案件。

我们审理的每一起刑事案件，都有公安机关的侦破卷宗、检察机关的审查起诉卷宗、中级人民法院的一审卷宗。因此，我有条件接触案件的全部真实情况，这使我写这套书有取之不尽、用之不竭的素材。

我写案件就想平铺直叙，就像用录像机把案件的发生、发展、结局录下来给人看，不想为了吸引读者而人为地编造曲折情节，因为这会损坏案件的"原汁原味"。至于案件能反映出什么问题，仁者见仁，智者见智，要由读者自己去感悟。尽管每案之后有一句警语，那也只是从一个角度发出的一家之言。

大千世界，无奇不有。书中有些案件很离奇，貌似虚假，例如发生在大连地区的"孙长太挥泪杀母"案等。对这样的案件，我都详细写明了发案的具体地点和当事人的真实姓名，以便有兴趣的读者核查。有的案件，涉及当事人的名誉、隐私，为了不侵害他们的权益，不给他们的亲属带来不好影响，也为了避免产生不必要的麻烦，对他们的姓名做了必要处理。

书中讲述的都是发生在人们身边的普通案件。我认为，能绊倒人的石头不在于大小，小石头更有危险性；能启人警醒的案件也不在于大小，小案件也能反映出大道理。

我已退休多年，我写的这些案件也离我们逐渐远去，但对人们仍有警示意义。根据案件内容的不同，这套书分《爱恨之间》《不义之财》和《法不容情》三本，共计159件案件。这些案件就像隆隆作响的暮鼓晨钟，告诉人们：清醒吧，警惕吧。须知：一分警惕，十分安全；一分麻痹，十分危险。

张世琦

2019年3月19日写于沈阳

目录

序	/001
熊的服务	/001
误会可怕	/008
小事一桩	/019
医生造假	/030
糊涂女人	/039
索要赔偿	/044
互不相让	/053
事出有因	/057
需要解释	/063
中奖之后	/067
车费之争	/074
拳打脚踢	/079
亲人犯罪	/082
瓜田纳履	/087

扬言杀人	/092
不能救你	/098
远离人渣	/102
赵洪行贿	/105
心存侥幸	/111
被人怀疑	/117
祸从口出	/121
过头玩笑	/126
有点糊涂	/130
被骗之后	/132

感谢法官	/137
车船相撞	/142
求爱失败	/146
贪官嫖娼	/149
依法抗争	/156
捉住窃贼	/162
思想有错	/168
诛杀幼子	/173
失恋之后	/177
怜悯歹徒	/185

见利忘义	/188
赌徒拼命	/192
挥泪杀母	/199
自行搜查	/206
报恩的人	/209
交通肇事	/215
一封家信	/219
产生误会	/226
清明扫坟	/231
赌博招祸	/236

酒后肇事	/241
更夫失职	/244
村长落选	/247
饮酒取乐	/251
救命稻草	/255
盲从惹祸	/259
诉至法院	/266
方法不对	/270
家庭会议	/274

熊的服务

夫妻有纠纷很普遍，不稀奇，但糟糕的是他人参与打斗。这种事让张云遇上了，使她家破人亡。

张云是辽宁省瓦房店市（辽南的县级市）董屯村的一个普通农村妇女。她有两个弟弟，大弟弟张忠，二弟弟张志。他们父亲早亡，姐弟三人跟母亲相依为命。后来张云嫁给邻村的关玉山，婚后生有一子，生活风平浪静。

夫妻之间有时吵架。一日，张云跟丈夫又吵起来了，关玉山顺口说了一句："你不想过了啊？不想过就走，咱离婚。"

"离就离，我怕你呀！"张云说完，把两岁的儿子抱走，回娘家了。她的两个弟弟对她说："我姐夫要是欺负你，你告诉我们，咱不能饶他。"这两个弟弟要参与其中。

张云在娘家住了半个月，受不了了。不说别的，光是换洗衣服就不够，尤其是孩子的衣服，都放在家里。她想回去取，顺便再问问关玉山到底离不离婚。

张忠知道了，就对弟弟张志说："我姐回去取衣服，万一跟姐夫打起来她肯定吃亏。咱俩不能袖手旁观。"

"咱咋办？"

"我姐回去取东西，咱俩跟去。咱们人多，姐夫就不敢欺负她了。"

他母亲听见了竟然没阻拦。当然，也许儿大不由爹，女大不由娘，儿子大了她也管不住。

上午9点来钟张云回家，临走时还特意对张忠说："你们别去，用不着你们。"张云走后，这两个唯恐天下不乱的弟弟还是去了。

张云回家后，关玉山不在家，但门没锁，看样子没走远。张云进屋四处查看，看看哪个地方有什么变化，随后又坐一会儿，也是在等关玉山回来。不一会儿关玉山回来了，问张云："孩子呢？怎么没把孩子抱回来？"

"我回来给孩子取衣服。你不是要离婚吗，还离不离呀？"

"你快回去把孩子抱回来得了！还没完了？"

这时张忠、张志哥俩来了。关玉山看见了不冷不热地打个招呼说："来啦。"张忠"哼"了一声。

张云见两个弟弟来了，料到这算完了，麻烦来了，实在没办法。她不但没有因为有两个弟弟给壮胆助威而有安全感，反倒感到事情要复杂化，不好处理。但在两个弟弟面前，她不肯低头向关玉山服软，而关玉山呢，觉得除了夫妻之外，还有另外两个人在场，夫妻之间有些话不好说，就躲到院子里干活儿去了。

张云想跟关玉山谈谈，但两个弟弟在场，怎么谈？谈什么？她慢慢腾腾地把孩子衣服找齐，犹豫之后只能把衣服包好，夹在腋下，离开屋门，准备跟两个弟弟再回娘家。走到院子当中，关玉山问她："你上哪儿？"

张云有两个弟弟在身边助威、壮胆，毫不退让，说："上我妈家，等你离婚！"

"你把孩子抱回来得了！"

"你去抱呗！"

关玉山说："你也不是抱不动。"

这时张忠接上话茬说："你要离婚，就到法院起诉；要不离，就把孩子抱回来，好好过日子。"张忠给已经产生矛盾的姐姐、姐夫"添油加醋"，给战火升温。

"不关你事！"

"怎么不关我事！她是我姐姐，随便欺负行吗？"

"我们夫妻之间的事不用你管。我要欺负她，有派出所，有政府，有司法机关，轮不到你管！"

"你要敢欺负她，我就管！"

"我怎么欺负她了？我们夫妻在一起生活，白天怎么吃饭，晚上怎么睡觉，你管这些闲事干什么！"

张忠觉得姐夫这话"有外味儿"，说他是管束人家夫妻晚上怎样睡觉，就跟他吵起来，张志也上来帮腔。麻烦终于来了，张云慌了，真怕把事情闹大，因为她还想日后好好过日子。如果双方打起来，将来还怎么来往。她想劝，劝谁呢？就拽张忠胳臂说："走，咱先回去。"但没拽动。

双方的争吵在加剧。在争吵中，张忠用手比比画画，唾沫星子乱飞，竟然往关玉山脸上打了一下，然后转身就走。关玉山满腔愤怒，想还手，但看见张云慌张、为难，知道她不希望双方打起来，不希望这个家庭破散，也就忍下这口气，没追打。

他们三人走后，关玉山的大弟弟关玉海来了，见哥哥情绪低落，就问："怎么了？"

"你嫂子回来了，还带两个弟弟。这两个东西没说几句就打我一巴掌。"

这话一出，关玉山就感到不妙，但收不回来了，只好任凭事情发展。关玉海气冲冲地问哥哥："他们哪儿去了？"

"刚走。"

关玉海眼睛一瞪，二话没说，转身就跑，去找弟弟关玉河，两人骑上自行车就追。看来，双方的亲属都要参与这场纷争。

两个村子相距一公里，就在张忠他们离开这个村，还没进自己的村，走在两村之间的空地上时，关玉海和关玉河追上来了。

关玉海隔老远就喊："别走！打完人就拉倒啦！"

关玉河把自行车骑到张忠跟前，把车子一扔，不由分说，挥拳就打，一拳砸在张忠脸上，这一下子就拉开了混战的序幕。

双方各有两个小伙子，一共四人，噼噼啪啪扭打在一起。张云吓哆嗦了，不知所措。一边是自己亲如手足的弟弟，另一边是与自己平素相处很好的两个小叔子，他们打起来，张云不知道应该帮谁打，就慌忙把衣服包扔到地上，急急忙忙给拉架，生怕矛盾扩大化。

再说关玉山，知道两个弟弟如果追上张云他们，肯定会打起来，放心不下，也骑自行车赶来。当时是春末夏初，地里的庄稼能有一尺高，在老远的地方就看见他们已经打起来了。关玉山急忙赶来跟张云一起拉架，他俩真害怕把事情闹大。

这四个小伙子不怕乱子大，分别为了帮助哥哥和姐姐，都是把对方往死里打，完全不考虑张云他们日后如何生活。因为张云夫妻日后怎样生活对他们四人没什么影响。

"战场"在无人行走的乡间土路上。"相骂望人劝，相打望人拉。"然而，在村外无人的地方，除了关玉山和张云以外，哪有人来拉！

在厮打中，张忠怕自己这边吃亏，掏出随身携带的匕首，向关氏三兄弟轮番刺去。这东西厉害，扎一下一个口。关氏三兄弟没想到对方会带刀，毫无提防。在厮打中，由于精力集中到紧张的打斗上，被扎一下觉不出疼，当觉出疼时为时已晚。第一个倒地的是张忠的姐夫关玉山，因为他是拉架，没躲避刺来的尖刀，第二个倒地的是关玉河。关玉海肩膀也挨了一下子，他自知手无寸铁，拳头敌不过尖刀，立刻停止了拳脚跑回去找车救人。

关玉山因心、肺被刺破大出血，当即死亡。关玉河被刺成重伤，经送医院抢救脱险。

当天，张忠和张志落入法网。大连市中级人民法院认定张忠犯故意杀人罪，张志犯故意伤害罪，判得都不轻。宣判后，这哥俩都上诉。

案件报送到辽宁省高级人民法院，我是这起案件的二审主审法官，为了复核证据，我们找证人张云时来到了她娘家。车停在院外，我和书记员小赵下了车，张云的母亲在屋

里看到了我们。我们推门一进屋,她就早有准备地向我双膝跪地,连连叩头,向我提出一个难以接受的请求:

"法官大人,让我女儿张云去顶罪,把我儿子张忠放回来吧。要是把张忠枪毙了,我就没法活了。求求法官大人,可怜可怜我这个苦命的人吧!"

我和小赵把她拽起来,我真切地看到,站在我眼前的这位老太太,头上黑白参半的头发像堆乱草,身材瘦小,两肩抽搐,她用手背擦着满脸的泪,像孩子似的仰面对我哀求:

"咱老头往庄稼上打农药,因为农药中毒早就去世了。我一个人把这三个孩子拉扯大。公安的把我两个儿子都抓去了,判刑的判刑,如果再枪毙一个,我没法活了。你行行好,让我女儿去偿命还不行吗?"泪水在她那布满皱纹的脸上流淌。

站在一旁的张云也喃喃地向我哀求:"让我替张忠去偿命得了。"

法官有情法无情。我记不得当时是怎么回答他们的,我只记得,办理这个案件时,在法律上实在找不出对张忠、张志两人从轻或者减轻处罚的法律依据。

有个寓言故事,说是主人养了一只熊。熊为了报答主人的喂养之恩,主人睡觉时它守在身边,为其驱赶蚊蝇。一只苍蝇落到主人的鼻梁上,熊看见了,高高举起它那又肥又大的熊掌,狠命地砸到主人鼻梁上,想打死苍蝇,苍蝇飞了,主人却被打得鼻青脸肿。张忠、张志本想帮姐姐,可是,他们的相助却砸碎了姐姐的家庭,把姐姐害得好苦。姐姐该感谢他们还是该责怪他们呢？天知道。世间有多少小夫妻因为"熊的服务"，他人的参与，被逼含泪离婚，甚至遭遇家破人亡的悲剧。

 夫妻矛盾很正常，
他人掺和帮倒忙，
沟通解决最应当。

误会可怕

1979年，我被调到辽宁省高级人民法院。我到人事处报到那天，付振平处长拉着我的手说："欢迎，欢迎！你被分到第一刑事审判庭，我领你去。"说完，领我上了三楼，来到庭长办公室。

庭里正在开会，屋里坐了七八个人。庭长王建见人事处给送来一个新同志，站起来先是对付处长说："太及时了！我们正缺人呢！"然后笑着对我说："欢迎，欢迎！你一来，我们庭又增加了力量。咱现在正在开庭务会，下午安排你的工作。今天上午沈阳市召开公判大会，邀请我们去人，咱庭老刘去，一会儿车就走。你要是没看过开公判会这场面，想去，就跟老刘一块儿走。下午咱再谈工作。"我初来乍到，只好服从，就跟老刘上了一辆警车。

这车一路警笛长鸣。我第一次坐这种车，说不清心里什么滋味。老刘是个老审判员，和他不熟，一路无话，不一会儿就到了辽宁体育馆。这是全省最大的体育馆，容纳万人以上，公判大会正在这里召开。

我们去晚了，里边正开会。为了不打扰里面，我们把车停在院子里,谁也没下车,都坐在车里等散会。

我问老刘:"不到会场里参加会议,咱不是白来了吗?"

老刘说:"咱不是来参加会议的,会后要枪毙一个犯人。咱主要是到刑场,如果这个罪犯临场喊冤,或者还有别的特殊情况,便于跟省高级法院联系。"

我问:"凡是枪毙犯人,省高级法院都派人到刑场吗?"

"不。这次要毙的这个人不认罪。"

我们正在说话,馆内散会了。出口在二楼,楼梯在楼外,能有40米宽,人流顺着长长的楼梯往下倾泻,像瀑布,从馆内滔滔涌出。很快,院内响起了哨声、手提喇叭声,各个车辆很快坐满了人。我们的车是省高级法院的,打头的两辆一出门,指挥的警察就朝我们摆旗,让我们先走。在我们车后,一辆接一辆的警车、轿车、面包车、押犯人的大货车,排成一溜长蛇阵,好不威风!

一路上,所有车辆都靠边停下来,包括公交车。我们这支车队不是右侧通行,而是独占路中央。我好奇地问老刘:"怎么不让别的车辆走?"老刘说:"怕有人用撞车的方式劫这个死刑犯。"

我半信半疑,面对这样的车队、这么多人,在这样的场面谁能劫得了!

刑场在沈阳市西北郊,那里有个大土岗。岗上岗下,人山人海,黑压压的一大片,那里的人不知等了多长时间,数不清的警察在维持秩序。

不认罪的那个罪犯叫高平昌,高个子,长瓜脸。他被从一辆大货车上拽下来,两只胳膊被反绑着,两只裤腿也被用麻绳扎紧。老刘告诉我，给死刑犯扎裤腿是因为有些犯人在被枪毙时，吓得大小便失禁，淌得满车都是屎尿，臭味四溢，扎上裤腿就会减少许多麻烦。

我们的车在排头，开进了刑场圈里，罪犯一被拽下车，就押到我们眼前。

一个法官问他："现在要执行死刑，你有什么话要说？"

旁边有个年轻书记员在记录。可是，这个罪犯低头不语，根本不像原来预料的那样会大喊大叫、鸣冤叫屈。他老实得像生病的绵羊。

法官又问："你有什么遗言，有什么话要向家属和亲人转告……"

不管法官怎么问，他都一字不答。我看了看旁边记录的书记员，在每句问话的下面都写上"不语"两个字。这个罪犯，脸露愁苦、悔恨，那张凄惨、惆怅的瓜子脸，我至今记忆犹新。我猜想，人在这个时候才会感到生命的分分秒秒都万分宝贵。

那位法官问完，刑场上的哨声响起，这个罪犯被推到土岗下，跪在地上，两只胳膊仍然反绑着。又一声哨响，一个拿着小红旗的人把旗一摆，"啪"的一声，枪响了，罪犯应声倒地，脸部一下子扣到黄土地上，四肢一动不动。一个拿照相机的上来照相，照完后身，把尸体翻过来又照前身。我第一次见到这种场面，而且离得很近，低头可见。多少年过去了，回想起来历历在目，记忆犹新。

这次看刑场，我感到从来没有过的震惊，真是吓破了胆。后来我好像悟到，这个王庭长，高招真多，我到法院上班的第一天，就用这个场面给我上课，我太受教育了。我真真切切地感到：法官以判案为职业，如果把案件办错了，那可是天大的罪过！

这天之后我就想：人为什么要犯罪？好好日子不过，难道不知道犯罪要蹲监狱、要被枪毙吗？那个被杀的，为什么会被杀？我怀着这些问题，在以后的日子里，跟承办这起案件的人混熟了，从他那里了解到了我要知道的一切。

这天被沈阳市中级人民法院枪毙的这个青年叫高平昌，家住沈阳郊区。中专毕业后在沈阳一家工厂当工人，住在厂内单身宿舍。

既然有了工作，在厂内好好干呗，怎么会杀人呢？高平昌把他的车间王主任杀了，也不是脑瓜儿一热就干出来的。"今日来访，往日有意；今日打架，往日有气。"他杀死王主任有两条原因：一是在工作中两人有矛盾；二是因为没给他涨工资，后一条是他杀人犯罪的导火索。

两人怎么会产生矛盾呢？情况是这样的：他进工厂的第二年秋季，车间派人到附近的黑山县给职工买地瓜。王主任让他和几个小青年跟车去了。汽车开到地里，这几个跟车的就跟老农说："我们这几个跟车的，得多给一点儿，以麻袋装满为准，别过秤了。"

老农一看他们买得多，认为装袋时只要这几个跟车的不挑剔，每个跟车的多给十斤八斤也不吃亏，就同意了。高平昌他们几个跟车的，每人单独挑选好地瓜，各自装了一麻袋，满满的，每袋比一般的袋子能多10多斤。

地瓜拉回来，进了工厂大院，开始分地瓜。职工们上车乱挑乱抢。这时王主任立了规矩：从一组、二组、三组，依次往下排，排到哪组，哪组就从车上挨着拿，不准挑挑拣拣，每人一袋。

这几个跟车的傻眼了，就跟王主任说：我们跟车的挺辛苦，得先把我们的袋子卸下来，然后再分。这时，不少职工不同意，大家吵吵嚷嚷。不同意的理由是：你们跟车的辛苦，我们在厂内干活儿也没闲着。他们还跟王主任说：不能谁跟车、谁经手就得"吃小灶"，如果养成这习惯，以后处理别的事情也不好办。群众议论纷纷，王主任没办法，就决定：不管是谁，包括主任在内，一律不准挑挑拣拣，排到谁，谁就按顺序领。

既然主任决定了，就别硬拧主任的脖子。可是，高平昌不识时务，他是个"见小利而忘命，干大事而惜身"的人，私利心严重，斤斤计较。别的跟车人不再言语，只有他还跟王主任软磨硬泡，执意要求照顾跟车人。

他说："我们拉回的这车地瓜，是我们一个一个挑选的，质量相当好，我们尽到了责任。我们跟车的，每人跟老农要一麻袋地瓜，我们要的应该给我们。"

王主任说："你们私下要的，应当在分地瓜之前先拿走。我们现在是给职工分，不好特殊照顾谁。"王主任说完，又批评他说："年轻人不要计较私利，应该为我们当领导的想一想，我们照顾了你，就会得罪大多数职工，你不能只考虑自己。"

按理说，这不能怪王主任，他作出这个决定是符合多数人要求的，也是合理的。如果是私下跟老农要的地瓜，确实应当在分地瓜之前先拿走,不应该在分地瓜时搞特殊。就为这点事,高平昌耿耿于怀,跟王主任产生了矛盾,为以后报复王主任埋下了伏笔。

高平昌参加工作不长时间赶上给职工晋级涨工资。那时吃"大锅饭"挺普遍,给谁晋,不给谁晋,主要看工龄,"谁年龄大先给谁娶媳妇"。对此,高平昌也知道。工龄问题,没法通过主观努力来改变,晋还是不晋,只能听天由命。

晋级结果一公布,高平昌大失所望,他没晋上。可是他发现,在晋级的这些人中,有比他年龄小,又是后进工厂的。高平昌觉得不公平,火冒三丈。他认为这事与分地瓜事有联系,是王主任欺负他。大丈夫可杀不可辱,他忍不住了,暴跳如雷,跑进王主任办公室追问原因。王主任说:"晋级涨工资不是车间决定的,要由厂里通盘考虑。你的工龄不够,太短,我做了不少努力都没有用。"

"你努力个屁!厂里的决定是根据车间汇报的,就是你在作怪!有的人年龄比我小,还是后进工厂的,人家都晋上了,怎么偏偏把我夹出来不给晋!"

王主任告诉他:"'文化大革命'知识青年上山下乡时,人家是城里户口,你是农村户口。国家有文件规定,城里的青年到农村是'下乡',从下乡时开始算工龄,你是农村户口,是'还乡',在农村当农民期间不算工龄,你的工龄从入厂时算起。所以你的工龄没有人家长……"

没等王主任把话说完,高平昌就说:"都是在中国,都是遇上了'文化大革命',都是知识青年上山下乡,都同时在农村当农民,后来又都同样上学念书,对上学念书的时间,怎么会城里人算工龄，农村人就不算。即使制定政策的人是城里人，他们能好意思做出这样的规定吗！你说国家有这样的规定，谁信！你唬别人可以，唬我没门！"

王主任说："至于国家有没有这样的文件规定，咱俩争论不清楚，我把文件找来给你看一看就知道了。"后来王主任到工厂劳资科去找文件，遗憾的是，管理文件的同志并不总是在办公室里坐着，王主任去了两次都没找到，这件事也就撂下了。可这个问题没及时解决，为日后留下了隐患。

高平昌思想修养差，心胸狭窄，遇事好怒。他不会处理人生中的复杂问题，一怒之下就会打打打，砸砸砸，杀杀杀。这种人不在这个问题上出毛病，也会在别的问题上栽跟头。他的杀人犯罪与他的思想方法不对头密切相关。

这次晋级没晋上，怎么办？是忍下去还是跟王主任干，高平昌想了很久。他也知道遇事要三思而后行，但他不会思考，不会权衡利弊，更不懂得应当把事情弄清楚，然后再根据实际情况作决定。他认为：如果继续忍耐，王主任就会继续欺负他，还会被别人笑话；如果跟他干，怎么干，人家有权，干不过。只有一条道儿，跟他拼了，要他的命！把他杀了，一跑了之，这么大的国家，跑到哪儿还不能混碗饭吃！

蠢人发怒，不讲策略，不顾后果，只图痛快，乱撞乱斗。高平昌知道，王主任每天上班早，总是第一个进车间，他就利用这个机会下手。他买了两把杀猪刀，做好了杀害王主任的准备。

一天早晨，高平昌避开工厂大门的门卫，跳墙进入工厂大院，躲在车间门后。王主任推门进来，他二话不说，冲上前，两刀齐插王主任的腹腔，接着又一连捅了数刀，直到把王主任乱刀捅死在车间门口这才停手。这时也到了上班时间，工人们马上就进厂，他顾不得擦洗手上和脸上喷溅的血迹，把这两把刀往提兜里一扔，拎兜赶紧离开现场，抢时间逃跑。

跑到工厂大门口，遇到本车间的老许；出了大门口又碰上了本车间的小唐。老许和小唐见他慌慌张张地往外跑，见人也不打招呼，又见他身上、脸上、手上有血迹，感到莫名其妙。问他话，他也不理睬，只顾夺路而逃。对这个情况，老许和小唐都有证言在卷。

老许和小唐怎么也不会想到高平昌杀人了，也就没追赶。他们进了车间，看见血泊中王主任的尸体，这才知道其中的缘由，随即追赶凶手，并立即向工厂保卫科报告。

公安机关接到报案后，侦破人员很快进入现场，了解情况，迅速开始大搜捕。

再说高平昌出了工厂，跑了一段之后，觉得满脸满手是血这样也不好，就钻进一个公共厕所。他脱下衣服撒上尿，用这衣服擦了手上、脸上的血迹，然后把衣服扔进便池，又继续逃跑。往哪儿跑呢？回家到父母身边肯定不行，公安人员会去那里抓捕。他决定到哥哥家，借几个钱，到外地躲藏。哥哥虽然也在农村，但不跟父母住在一起。

他哥哥见他没上班，只穿件衬衣，拎个提兜进了屋，慌慌张张像出了什么事，就问他。他先是不说，后来觉得是亲哥，就把杀害王主任的事简单说了一遍，然后借钱准备潜逃。

他哥问："杀人的刀呢？"他指了指手提兜。他哥说："哎呀！你怎么不早扔呢！快点！说不定公安局的人马上就来了。"

高平昌把提兜打开，拿出两把杀猪刀。往哪儿扔呢，埋锅底下灰堆里吧。埋的时候，高平昌的嫂子看见了。他嫂子在一旁也听见了高平昌的述说，吓坏了，指着丈夫："真笨！你埋灰堆里，人家一来就扒出来了。"她蹲在灶坑前，把两把刀又扒出来，用围裙兜着，跑到房后，扔到菜园的井里。这土井是浇菜用的，水深5米以上。她扔完刚进屋，从前门就跑进四个公安人员。高平昌没来得及躲藏，被堵在屋里。

一个公安人员问："你是高平昌吗？为什么不上班？"

高平昌没马上回答。侥幸心理使他产生这样的疑惑：公安人员怎么没问为什么杀人？为什么没给我立刻戴手铐？他们没有证据！他觉得，杀人时附近空无一人，无人目睹，公安人员根本不知道是谁作案，我仅仅是个怀疑对象。想到这儿，他不再迟疑，坚定地说："跟我哥借钱想买摩托车。"

公安人员见他不供认，就兵分三路，分头作战：有两个把高平昌押进警车，在车里单独询问；还有一个，在屋内问高平昌的嫂子；另一个把高平昌的哥哥领到房后，站在菜地里问。这四个警察开辟三个战场，只要有一处攻破，就大获全胜。警察个个都精明强干，不是吃白饭的。

高平昌把问题想得很简单，认为否认杀人，公安人员就会放了他。他说，到哥哥家就是借钱买摩托车，再没别的原因。

他哥哥假装糊涂，说高平昌进屋就借钱，至于干什么，还没细问，公安人员就来了。其余闭口不谈。

屋内，高平昌的嫂子十分慌张，满脸冒汗，说话结结巴巴、吞吞吐吐。公安人员根据她的脸色和表情，见她的两眼不敢面对公安人员，一看便知大有文章，把她确定为突破口，猛攻不舍。公安人员告诉她：说假话和出伪证，要负法律责任，构成犯罪的，要判刑。这个女人心想：我可以不说，但高平昌和丈夫如果有一个人说了实话，那我不就完蛋了吗？反正公安人员已经怀疑上了，瞒得了今天，也瞒不了明天。最后，她说了实话。

现在的通信设备真管用，这边找到了高平昌，不一会儿，几路人马立即赶到。他们拉来了抽水机，把房后菜园里的井水抽干，取出那两把杀猪刀。活该高平昌逃脱不了法网，从水里捞出的刀，上面竟残留血迹，经化验，血型与王主任的血型一致，刀刃的宽度与死者身上的刀口相符。在灶坑的灰堆里，也发现了人血，经化验，其血型与被害人王主任的血型相一致。另外，在侦破中，有人发现，在离工厂不远的公共厕所里，有件衣服，与高平昌平日穿的相同。打捞上来后，经过辨认和化验，衣服是王主任被杀害那天高平昌穿的，衣服上有血迹，血型与王主任的血型一致。同车间的老许和小唐又证实，发案当天的早晨看见高平昌慌慌张张跑出工厂大门的情景。

证据充分、确凿。尽管高平昌否认杀人，但认定他杀人犯罪已毫无疑问。

为了彻底查清案件的全部事实，需要查清被害人到底是不是怀着私人成见故意不给高平昌晋级，经查：没给高平昌晋级，这是事实；有比他后到工厂的，也有比他年龄小的，都晋级了,单把高平昌夹出来,没给晋级,这也是事实。但这不是王主任怀着私人成见造成的,国家有文件规定:"下乡"和"还乡"的青年工龄起算确实不一样。高平昌单看入厂时间不对。晋级不是看入厂时间,而是看工龄。工龄与入厂时间不是一回事。

高平昌误会了,误会就杀人。据工厂的厂长讲,为了晋级,王主任还真为高平昌"鸣不平",专门找厂长谈过一次,只是因为工龄不够条件才没晋上。

王主任好心没得好报,成了冤死鬼;高平昌误会杀人,把自己送进深渊,使自己受到了法律的严惩。

中国有句古语,叫作"忍为高,和为贵"。这不仅仅因为生活中鸡毛蒜皮的小事不值得斗气,没有必要斤斤计较,还因为世事复杂,有时不易弄清真实情况。高平昌如果能冷静地把事情彻底弄明白了,然后再正确对待,也许不会走上这条不归路。

蠢人发怒,不查清事实,
不顾后果,乱撞乱斗,最终自食苦果。

小事一桩

一桩小事处理不当,你知道会发生什么后果吗?在我主审的这些案件中,这起案件最能说明问题。

这起案件发生在辽宁省鞍山市。鞍山市是辽宁的第三大城市。在这个城市郊区住着一户姓孙的人家,全家五口,以种菜为生。户主孙富贵50多岁,除了老伴儿以外,还有三个孩子:大儿子孙昌,24岁;二儿子孙盛,21岁;最小的是女儿,17岁。全家都种菜,个个身强力壮,没有吃闲饭的,那日子过得就没比的了。村上人夸张地说:他家的钱,箱子装满了,连箱子盖儿都盖不上。

农村人有钱就盖房子。孙富贵想,将来两个儿子娶妻成家,每个最少得有三间房。他们老两口也得住三间。于是,孙富贵一下子就盖了九间。这房子盖得漂亮极了:青石砌到顶,四外雕檐,红砖砌的院墙,铁大门油着黑漆,整个房舍、院落,就像一幅美丽的图画。

村上还有一家富裕户,虽然比不上孙富贵,但也是富得有名。这家主人姓赵,叫赵新阳,才28岁,妻子25岁,还有一个3岁的胖儿子,一家三口生活也很不错。

赵新阳兄弟四个，他排行老四。这哥四个携手致富，共同开了一个饭店，又办一个养猪场。饭店在公路边，到他们这里吃饭的大多数是过路的汽车司机。别看司机不喝酒，但吃上等菜，抽名牌烟，吃完了，要多少钱给多少钱。司机和跟车的争着付款，都不讲价。餐桌上剩的饭菜，三五天就能装一缸。赵新阳兄弟四人就用这残汤剩饭喂猪，猪养肥了，再向饭店提供肉。他们经营有方，赚钱有道，别看赵新阳年纪轻轻，谁也说不准他到底有多少钱。

赵新阳紧靠孙富贵家的房东也盖了四间房。两家有一道院墙相隔。

按理说，穷人可能是吝啬的，因为他们囊空如洗，富人可能是大方的，因为他们腰缠万贯。可是，谁也不会想到，富得流油的孙、赵两家，都是"小抠"，处事都怕吃亏，比最穷的乞丐还吝啬十倍。两家把房子盖上了，谁也不肯首先买电线杆子，不肯首先花钱买电线把电从远处引过来，都在等对方。两家你等我，我靠你，晚上，都在点蜡烛，连电视也不看。最后，孙家熬不过了，买了电线杆子和电线，请好了电工，准备把电从远处引过来。

电线杆子埋在哪儿呢，孙富贵想了好久，最后决定埋在两家大门外交界线东边的赵家一侧。理由是：我孙家花钱买了电线杆子和电线，你赵家出地皮。埋完两家受益，谁也不吃亏，谁也不占别人便宜。孙富贵认为这是最公平的。

为了埋电线杆子，孙富贵开始在赵新阳院墙外挖坑。赵新阳看见了，问："你在我这边挖坑干什么？"

孙富贵说："我买了根电线杆子，埋到你这边。我出钱，你出地,把电引过来咱两家用。"

"那你也得事先跟我说一声。"

"埋个电线杆子,用碗口大的地方。你别看我挖这么大坑,埋好了,也就是少种一棵菜。"

"不是多种一棵少种一棵的问题。你在我这边挖坑,得事先跟我讲一下,怎能像使用自家菜地似的?"

"那我现在跟你说了,电线杆子也没埋,你要不同意,咱就不埋了。"

赵新阳心里合计:现在跟我说,这叫什么话!这是让我看见了,要是看不见就给埋上了。刚处上邻居就这么目中无人,以后日子长了……想到这儿,他瞪了瞪孙富贵,恶狠狠地说:"我不同意!"

孙富贵没想到。不埋吧,自己费了半天劲,坑快挖好了,就这么再填上,太窝囊,就说:"别不同意。这电线杆子埋上后,咱两家用。我买电线杆子和电线,钱已经花出去了,你再出块碗口大的地,咱俩都'出点儿血',然后两家受益。"

"我不受益。没这么干的,你这是'先斩后奏'!你买电线杆子之前怎么不跟我商量?买完就往我这边埋,我听你的啊!我能让你随便摆布吗?"

"不是听我的,也不是我听你的,这事儿本来就应该这么办。两家受益,两家共同承担损失。"

"我不受益,我也不承担损失。"

"你怎能不受益?你家永远不用电吗?"

"我家用不用电与你无关。你要埋,就埋在你家菜地里,埋我这边就不行。"

孙富贵没招，就开始退步，说："这样吧，我把这个坑往我这边挖一挖，埋在两家中间，一家占一半儿。"

"你总琢磨我的地方干什么？你要埋就埋到你那边。"孙富贵让到这一步也算可以了，本来应该见好就收吧，可是赵新阳还是不让步。孙富贵也不肯善罢甘休，还跟他讲理，说："你这个人怎这么难说话！买电线杆子和电线的钱我一人承担，埋的地方两家平均分担，两家共同受益，你吃亏了吗？"

"我不想占别人便宜。你往我这边埋就不行！"

就这么一件小事，两人都不让步。赵新阳害怕自己离开这儿孙富贵就会把电线杆子埋上，看看旁边放的这根电线杆子挺光滑，就坐到上边开始吸烟。孙富贵说："你别往我的电线杆子上坐！"

"还能给你坐扁了啊！"

"我就不让你坐！"

赵新阳仍然坐在电线杆子上不起来，说："我今天就不让你埋！"

"我不埋了可以，但我叫你起来。别坐我的电线杆子！"

真是"大爷遇大爷，谁都不妥协"。赵新阳就是不起来，认为让他这么一斥责，就乖乖站起来等于投降。他没动，仍在低头抽烟。

孙富贵火冒三丈，手里拿的铁锨也没放下，过来就拽他，边拽边说："你给我起来！"

孙富贵是用左手拽的，拽的时候，右手拿的铁锨无意中碰到了赵新阳的腿，赵新阳一下子蹦起来，指着孙富贵鼻尖说："你个老东西，还敢打人！我哥们儿好几个，我能受你的气吗！你等着，我去找我哥哥，今晚儿把你家给平了！"说完，头也不回地愤愤离去。

当时是秋末冬初，赵新阳穿条毛裤，铁锨碰一下也不会很疼，但他不忍让，为了报复孙富贵就"搬兵"去了。

孙富贵听他这一说，又看他气冲冲地去"搬兵"，预感一场"战争"即将爆发。他回家把这事儿告诉妻子和孩子，说："赵家哥四个，都是帮'虎子'，没有人性，他们什么事情都能干出来，咱得做好准备。咱不主动打他们，他们要是真的来打，咱也不能老老实实让他们打。"

他妻子没往打与不打上说，只是责怪赵家不讲理："这电线杆子本来就是两家用的，我就不信，他们老赵家会永远不安电灯，永远不看电视！真是明白人好说，糊涂人难缠。遇上这家邻居，够倒霉的了。"

他大儿子孙昌说："赵新阳就是吓唬吓唬，自己找个台阶下，没事儿了，晚上不会打，他哥哥也不会来。"

他二儿子孙盛年纪小，想问题天真简单，说："赵新阳哥们儿多，咱爷们儿也不少。他哥四个不会全来，咱家五口人要和他们拼，他打不过咱们。"

孙家光是在屋里这么议论，并没商量具体对策。再说赵新阳到饭店跟几个哥哥细说缘由，搬兵求助。他没想到几个哥哥没一个支持他的，还责怪他好惹事。

几个哥哥都认为，邻里相处，遇事应该谦让，没必要动干戈。孙家已经同意把电线杆子埋到两家交界的中间线，那就让他埋呗。

赵新阳没话说，就说他被孙富贵用铁锨打了，今晚必须让孙富贵赔礼道歉，否则，往后挨欺负的日子就长了。赵新阳苦苦哀求，赵老大这才决定：饭店由老二照顾，他领老三晚上到赵新阳家去，给两家调解调解。赵新阳如不便说软话，老大可以代言，同意把电线杆子埋在两家院外交界线上。

孙家摸不清内情，见赵新阳回来后余怒未消，骂不绝口。傍晚，赵老大、赵老三分别骑车子来了。孙家一看，赵家来人了，院子里停放两辆自行车，认为"战争"已经不可避免。孙家的二儿子就开始"备战"。他从一个装破烂的竹筐里找出两个扎枪头，看看锈得发红，就找块磨石，蹲在地上磨了这个磨那个，足足磨了半小时。磨完，又都安上了把。

孙富贵是个糊涂父亲，实在是教子无方，他告诉二儿子孙盛说："打架得打出理，别胡来。他们要不动手，咱不能先打人。吵得再凶，也不能闯到人家去打。如果他胆敢闯进咱家动手行凶，那时再还手，往死里打也没事儿。"孙富贵在家庭里处于一家之长的尊位，全家人都听他的。他说出这样的话，对后果当然负法律责任。

按理说，这场恶仗是打不起来的。因为赵家的老大、老三是来调解的，都是赤手空拳来的。他们认为，无论如何也不会打起来，就为这点儿小事而动手，不值得，何况对方又是邻居。而孙家又信守一个原则：不管怎样，决不首先闯过去动手打人。这样一来，怎会打起来呢？可是，许多事情就是这样，本来不应该出现的情况，却常常意外地出现了。

吃完晚饭，赵家兄弟并没过来兴师问罪，孙家也没主动进攻，一切平静如常。

这时，意外的事情发生了。孙富贵请的电工来了，他问孙富贵明天是否还架线、安灯。孙富贵说:"安不成了,赵新阳说什么也不让埋电线杆子。今晚,两家都在准备打仗!你来了,这场仗你就能看到。一会儿,赵家的人就会打过来。"说完,他把白天发生的事和赵新阳去搬兵的情况细说一遍。

电工说:"赵新阳的两个哥哥真混蛋,让他们来就来。刚做邻居,这么一打以后咋办。你们放心,有我在,今晚你们两家打不起来。"

他对孙富贵妻子说:"嫂子,你家大哥跟人闹矛盾,不用他,让他在家待着,我领你过去,我给你们两家调解调解。这不算什么事儿,主要是话没说透,有人从中间给说一说就好了,打什么架呢!"

孙富贵妻子也是个糊涂人,她哪里知道,不管什么人都有能力给调解吗?她说:"太感谢你了,你今天若不来,事儿可能就闹大了。"殊不知他今天若不来,也许就没事了。

"走,走!我领你过去,把话说开就好了。以后还得好好处。"电工说完就往外走,孙富贵妻子跟在后边,边走边说:"今天真是遇上贵人了,那你就给调解调解吧。"

调解,是一项复杂细致的工作。须知,没有能力的糊涂蛋,往往会把事情弄得更加糟糕,还不如不调解。

赵家玻璃窗没挡窗帘,屋里虽然只点蜡烛,仍然可以清楚看到赵新阳的两个哥哥坐在炕上,看样子是刚吃过晚饭。赵新阳在屋里踱步,至于说什么,在屋外听不到。电工领孙富贵妻子来了。

电工先进屋,也没察言观色,愣头愣脑地就开门见山:"听说你们两家白天闹点儿小矛盾,我把孙大嫂领来,给你们调解调解。远亲不如近邻，近邻不如对门嘛！你们两家是门挨门、窗挨窗的邻居，以后得像亲戚那样来往走动，别为点儿小事儿钻牛角尖。"

赵新阳说："不是为小事。孙富贵用铁锹把我打了，打完就拉倒啊！连句软乎话都不说，谁怕谁！"

孙富贵妻子说："咱家老孙回来说，他也没打你，就是拽你时另一只手拿的铁锹碰着你了，不是有意打你。要是用铁锹打你，你身上还能一点儿伤不留啊？"

"还想打出伤？碰一下也不行！你们要真想把事情处理好，你回家把孙富贵找来，让他承认错误。他要不肯，我用铁锹碰他一下，他要能忍下这口气今天咱这事儿就算拉倒。"

赵新阳越说声越大，赵老大、赵老三坐在炕上就劝："你有话好好说，吵什么！碰一下就碰一下子呗，事情过去了也没伤着，拉倒吧！"

电工说："还是这哥俩行！咱今天给他们调解调解。"

赵新阳说："调解可以，得让孙富贵来赔个不是，弄个老娘们儿过来应付应付行啦？"

孙富贵妻子听了，认为这话有点瞧不起女人，就说："我老娘们儿咋的？女的就不是人啦！别说孙富贵没过来，就是过来了也得两人都做自我批评。光指责对方，都认为自己有理，那怎么调解？"

"不调解就不调解！你们打人还有理呀！欺负人也没有这么欺负的，咱谁怕谁？"

孙富贵妻子说："电工要给调解我这才过来的，咱也希望把事好好解决一下，不是怕你。你哥们儿多咋的，还敢打啊！"

"打你怎的!你们敢打我,我就不敢打你吗?"

他俩吵起来了。电工哪有能力给调解,一看不行,没法调解了,就把孙富贵妻子往外推,说:"你先回去。"

孙富贵妻子被推出,边往回走边说:"没遇到过这么浑的!为这点事儿就没完了。你们哥们儿多咋的,有什么了不起!"

赵新阳在屋里听见了撵出来,边走边问:"你站住!你说谁浑?"

电工把赵新阳拽住了,赵新阳就站在房前吵吵起来:"你个臭老娘们儿!你们家把人打了还不讲理,我姓赵的不是那么好欺负的,你们再打我一下试试!"

孙富贵妻子走出赵家大门,还没进自家的院,孙家二儿子孙盛在屋里听见赵新阳骂"臭老娘们儿",就出屋和他对吵:"打你怎的!你不讲理就打。你要敢过来,我还打!"

"今天我让你打个够,你过来打吧!"赵新阳气哆嗦了。

孙盛说:"你过来!你要敢过来我就敢打你!"

"你过来打吧!"

"你小子要有胆量,不怕打,你就过来!"

水不激不跃,人不激不跳。两人话赶话赶到这儿了,赵新阳说:"你还没有王法了,我过去,看你敢不敢打我!"说完,也没往大门那边走,两家屋檐下有一道一米半多高的矮墙相隔,他双手把着矮墙,年轻人身体灵巧,只是纵身一跳就进了孙家院子。

这天他要是没有两个哥哥坐在屋里,也许不敢过去。他的两个哥哥在屋,难道孙家真的敢动手?

孙盛只是赤手空拳跟赵新阳吵,什么家什也没拿。但孙家大儿子孙昌从屋里拿出一支扎枪，见赵新阳到了他们家院子，端枪就往赵新阳腿上扎，一下子就把腿肚子穿透了。赵新阳大骂："哎呀！你还敢真扎！"说完，一屁股坐到地上起不来了。

赵新阳被扎倒，电工从矮墙上跳过来拉架。赵新阳的两个哥哥急忙下了地，穿上鞋，跑到院子里一看，见赵新阳坐在孙家屋檐下大骂，就空手从大门绕过去，想把赵新阳搀回来。

赵老大、赵老三从大门刚进孙家院子，孙富贵看见了，以为他们是过来打架的，当时天黑，也没看清这哥俩是否拿了凶器，就急忙告诉两个儿子说："他们过来了，往死里扎！"你说这个当父亲的浑不浑！他告诉儿子往死里扎。

儿子最听爸爸话。这两个儿子得了命令，如狼得食，如虎见肉，一人拿一支扎枪，简直红了眼。幸亏这位电工身强力壮，一手拽一个不放松。赵老大和赵老三急急忙忙把四弟从地上搀起来，一人架一只胳膊就往大门外拖，想把他拖回家。赵新阳被拖出孙家大门外，电工这才把紧拽孙昌、孙盛的手松开。

这一松可坏了，孙家二儿子孙盛握着扎枪，就像离弦的箭，一下子冲出去，一直撵出大门外。此时，赵老大和赵老三已经把赵新阳拖过两家院外交界线，来到赵家一侧，很快就进赵家大门了，就在这个节骨眼上，孙盛追上了，朝赵新阳胸部、腹部猛刺起来。赵老大和赵老三扔下四弟就去夺他手中的扎枪，但已经晚了。此时电工也追出来，拽住孙盛，几个人一起夺下他手中的扎枪。赵新阳胸部被扎两下，腹部被扎一下。还好，这三下都没扎到心脏。赵新阳当场没死，在医院里躺了12天后因伤重去世。

出了人命，事儿闹大了，孙家父子三人全被抓去。辽宁省鞍山市中级人民法院开庭审理时，孙富贵一口咬定，人是他用扎枪扎死的，与两个儿子无关。他要替儿顶罪，他知道是他坑害了两个儿子，心里有愧。

法官问他："你说人是你扎的，那么，你说说你扎了几枪？"

孙富贵说不上来，就总是反复说那句话："不管怎样反正赵新阳身上的伤都是我扎的。"

法院定案靠证据。孙盛扎人时，电工和赵老大、赵老三都在场，亲眼看见并且出庭证实。孙盛对自己的犯罪也供认不讳，承认自己朝赵新阳的胸部、腹部连扎三枪。对此，不仅供证一致，还和赵新阳的伤情鉴定相吻合。孙富贵想为儿子顶罪无法办到。

辽宁省鞍山市中级人民法院以故意杀人罪判处孙盛、孙富贵和孙昌应得的刑罚，并判处孙家父子赔偿赵新阳的医药费、丧葬费等经济损失。

这场邻里纷争之后，赵新阳家剩下一个25岁的少妇和一个3岁的儿子，孙家剩下一个年过半百的孙富贵妻子和一个未成年的女儿在家度日。两个富户，一下子成了家破人亡的灾户。

古有桐城"六尺巷"，今有乡邻动刀枪。
相敬互让保安康，恶言相向两败亡。

医生造假

你知道医生开了一张假诊断书会有什么后果吗？发生在辽宁省营口大石桥市（辽南县级市）的这起案件就能告诉你答案。

大石桥市东部山区的汤池镇有个村庄，住着一位66岁的老人，叫王恩茂。他在40多岁时死了妻子，一个人把两个儿子拉扯大。如今，两个儿子都已结婚成家，他看着就高兴。

人们管他的二儿子叫"王二儿"。"王二儿"结婚时间不长，生有一子，才5岁。儿媳也贤惠，待他很好，王恩茂就住在二儿子家。一家老少三辈四口，生活和和美美。

俗话说，家贫出孝子。"王二儿"没忘记父亲领他们哥俩过的那段苦日子，知道老爸爸受过不少苦，所以常常为父亲买酒、买肉，很孝顺。不少人说他是个孝子。

他们村原来有个村办工厂，厂内堆满了破铜烂铁，夜里，这些破烂东西常常被盗。村委会决定，由王家义和马兴旺两个年轻小伙子夜里打更，一是看护工厂，二是看守村委会办公室，当个通信员，给跑跑腿、找找人。后来工厂倒闭了，村长决定，打更由"王二儿"的父亲王恩茂来干，一是这老头儿没有老伴儿,没有牵挂,就让他住在村委会,二是由于工厂没了,也用不着两个棒小伙子打更。村长这样安排,王恩茂同意,可是王家义和马兴旺想不通。马兴旺老实巴交的,心里不高兴,嘴里不言语。王家义是个"碎嘴子",爱叨叨,他不敢找村长,就向王恩茂发牢骚,说:"你想在村里找点儿活儿,干什么不行,干吗非得把我们顶掉不可!还是你关系硬。"

王恩茂脖一歪,眼一瞪,回他一句:"你说什么屁话!"老头儿有个口头禅,一说话常常带个"屁"字。他说:"什么叫关系硬,村长认为由老头儿打更合适,他有权决定。他让我打更,我服从分配,怎么,村里打更这活儿就不准别人干了,你俩承包了?"

"我们干好好的,让你干你就干,你怎么好意思!"

"小工厂倒闭了,用不着两个青年人打更,村长有权决定换人。村长让我干,我就干,我听村长的,还能听你的啊,你怎么好意思占着位置不走!"

王家义和王恩茂你有来言,我有去语,打起嘴仗。旁观的几个小伙子先是看热闹,后来见他俩越吵越激烈就上来劝解:"吵吵什么!村长让谁干谁就干。青年人打更影响搞对象,村长这样安排对。"说着,连推带拉,再加上说笑话,就给推开了。

王家义和马兴旺卷走了行李,王恩茂在这里铺开被褥,从此开始打更。

他俩就吵了这么几句,过去也就拉倒了。可是,你能想到吗,就这么一点儿小事后来竟引发一起震惊辽宁、轰动全国的连杀9人大案,导致11人丧生,一人被判刑入狱。

这次吵完之后过了两天,王恩茂回家吃午饭时跟儿子"王二儿"闲唠,顺口讲了这件事。"王二儿"一听气坏了,把筷子一摔,骂上了:"王家义这兔崽子真不是东西!他跟你吵,就是欺负我,我不能饶他!"

"王二儿"不允许任何人欺负他父亲,要不怎么说他是个"孝子"呢!但他太鲁莽,头脑简单,这样的人尽孝道也尽不到正地方。

老父亲一看,知道坏事了。"王二儿"的脾气碰火就炸,他后悔不该跟儿子讲这段小事儿,但话已出口,无法收回。他劝二儿子说:"王家义这小子后来让我给骂了,他连个屁都没敢放,他老实了,咱以后不理他。"不管王恩茂怎么说,"王二儿"总觉得这口气咽不下去,他心里总在合计:我不能便宜王家义这小子!

别看"王二儿"身材不高,力气不大,但是块"滚刀肉",很不好对付,打起仗来,连死都不怕,不占便宜不停手。村里不少人对他望而生畏。

过了两天,"王二儿"到底把王家义堵住了,问:"那天你跟我爹吵吵什么,你有能耐别欺负老头儿,跟我干。"说着,就把王家义揍了一顿。王家义被打得鼻青眼肿,头破血流,住进了医院。

王家义被打,他父亲王忠山不让了,心想光让"王二儿"拿几个医药费不行,还得让他再出点儿血。但王忠山年过半百,体力不行,自己去打"王二儿",根本不是对手。这时,王家义叔叔王忠河表示愿意"拔刀相助"。王忠河与王忠山两人就堵住了"王二儿"，拳打脚踢把他教训了一顿。

正在王忠河与王忠山教训"王二儿"时，王恩茂因为去给一个村民送信，遇上了。他怎能袖手旁观？他忘记了自己年迈体弱，捡块石头就上来为儿子助战。

王忠河、王忠山不停手、不示弱，四个人厮打在一起。王忠山一方，王忠河年轻，是骨干；王恩茂一方，当然"王二儿"是主力。双方都不肯让步，谁也不服谁，这样一打，非出人命不可。幸亏"战场"在村子里，过路人不断，人们发现后马上给拉开。激战时间不长，从当时的表面看，除了"王二儿"鼻子出了一点儿血之外，其余三人都没留下明显伤痕。可是到了晚上，王恩茂因为头昏被送进镇里的医院。第二天早晨，66岁的王恩茂咽气了。法医鉴定的结论是：头部受钝器伤，颅脑淤血而死亡。

出了人命，这可把事儿闹大了，被称为孝子的"王二儿"能老实吗！他以为，王忠河、王忠山这哥俩都得被枪毙，他拭目以待。确实，公安机关把他俩都抓去了。但没过几天，王忠山被释放了，后来，王忠河也没被枪毙，法院认定王忠河犯故意伤害罪，判处5年有期徒刑。

"王二儿"死也不服，频频上访，非让王忠河偿命不可。法院办案人员不止一次地接待他，告诉说：当天打完架，王恩茂往回走时，走到一棵大柳树底下，用头使劲往树上撞两下，说，两家打架，都怪他爱叨叨，是他惹的祸。这个场面，村里许多人都看见了，又有多人证实。而王忠河、王忠山两人都不承认打王恩茂头部，也没人能证实他俩打了王恩茂头部。相反，倒有证据证实王恩茂头部的"钝器伤"是撞树造成的。法院只是考虑到王忠山一方的骨干是王忠河以及其他情节,才判处王忠河五年有期徒刑。既然这样,"王二儿"也就没话可说,服判吧。至此,这场纠纷暂时平息。

大约过了一年,在大石桥市的农贸市场上,"王二儿"意外地碰见了正在服刑的王忠河。当时,王忠河手提一个大塑料筐,正在买菜。"王二儿"见了这个"杀父仇人"气蒙了,感到十分意外。过后才想起应该拽住他问个明白,为什么没去监狱服刑,或者干脆揍他一顿为父亲报仇。可是,当他醒过神要揍王忠河时,王忠河早已无影无踪,错过了报复的机会。

"王二儿"去问公安机关,王忠河为什么没进监狱而跑到市场上买菜,得到的答复是:被判处短期徒刑的,有的可以被留在看守所劳动改造。王忠河被留在看守所,他跟别人去市场为看守所食堂买菜,是受指派的。"王二儿"虽然不言语,但心中激起的怒火不能平息。以后一连好多天,他带着刀到农贸市场去找王忠河,但一直就再没见到。

又过了两年,也就是王忠河被法院判处五年有期徒刑的第三年冬天,又有一件事,再次激起了"王二儿"心中的怒火。

那天早晨,太阳还没出来,"王二儿"背个大筐上山搂草。在路上,他遇见一个头戴大棉帽、脸上捂个大口罩的人骑自行车从前面过来。到跟前,这个人尽管只露两眼,但"王二儿"一眼就认出,他就是王忠河。王忠河骑车子一闪而过,"王二儿"呆呆地站在那儿,望着背影,心里在骂:"你个兔崽子,还真会伪装,扒了你的皮,认识你的骨头!你真能活动，竟然出来了！行！法院不判你死刑，我判你死刑！"

这一回，"王二儿"没去上访，也没去打听王忠河为什么被放出来，而是神不知鬼不觉地在暗中准备杀人凶器。

他买了一支双筒猎枪，是使用枪砂火药的，准备了一把二尺半长的砍刀，还不知从哪儿弄来一把半尺多长的剔骨刀。一切准备齐全，只待行凶时机。

再说王忠河，他确实被放回来了，因为他弄到一张诊断书，被保外就医了。王忠河也不傻，他完全明白"王二儿"是不会让他过安宁日子的。他一回来，就急三火四地卖房子，想远走高飞，迁居他乡。三间房子卖完了，钱款已经装进腰包，正在收拾准备搬家。然而，"王二儿"却抢在他搬家之前动手了。

1月28日那天，"王二儿"的媳妇领孩子回娘家了，当天晚上没回来，"王二儿"终于找到了机会。这天，他买了酒、肉，独自一人在家最后享受一下人间幸福。他一边大口吃肉，一边大口饮酒，一直喝到半夜12点这才动身前去为父亲报仇。

临行前，他摘下挂在墙上的全家像，摆在桌子上，像拜菩萨那样，一叩头，再叩头，不知拜了多少拜，还连声说："孩子、孩子他妈，今生今世，我们到此分手了。"最后他擦了泪，带上准备好的猎枪、长刀、剔骨刀，闭了灯，锁上门，大有"壮士一去不复返"的架势，一直向王忠河家走去。

当夜月黑风高，西北风刮得枯枝嗖嗖作响。王忠河一家六口都在酣睡中。"王二儿"拿着枪、挂着刀轻手轻脚地来到他家窗外。只听"哗啦"一声,"王二儿"用枪口捅碎窗玻璃,接着枪就响了。随后,"王二儿"从窗户跳进王忠河家炕上,挥起大砍刀,不分男女老少,见人就砍。

王忠河及其妻、其母、长女、次女共五人,都在梦中死于"王二儿"的刀枪之下。王忠河有个儿子,当年17岁,他睡在炕梢,被枪声惊醒后,在"王二儿"跳窗进屋疯狂砍杀的忙乱中,他爬到炕沿下,钻到里屋的酸菜缸后边,这才幸免刀枪之灾,留下一条性命。

"王二儿"杀了王忠河一家五口,马不停蹄,又去杀王家义全家。"王二儿"以同样的方法,破窗入室,开枪舞刀,见人就砍。但王家义不在家,屋里只有他的新婚妻子一人,可怜无辜的小媳妇才23岁,就死于非命。据说,王家义那天夜里是出去玩麻将没回来,是真是假就弄不清了。总之,他算逃脱了,没被杀害。"王二儿"平了这两家,又到王家义父亲王忠山家,杀死王忠山夫妻二人和他们的次子,共三口。

对方毫无防备,"王二儿"不一会儿就连杀三家九口。"任务"完成了,他带着胜利,带着自豪,带着悲伤,带着痛苦,来到父亲坟前,双膝跪地,头贴坟土,向父亲报告:"爹!我给你报仇雪恨了……"

他哭了一阵,望望村子,村里犬吠声、人嚷声已经乱成一片。这时,王忠河家又燃起了熊熊大火。原来,"王二儿"开枪之后,王忠河家炕上的被褥受到火药枪击打,沾火而燃,随后遇风起火。已卖出的三间房屋在火光中化为灰烬。

"王二儿"在父亲坟前躺了一会儿,便用刀自杀。他双手握住长刀的刀把,往头上使劲儿砍了几下,血淌了满脸,这时,他又想起这附近有眼井,就来到井旁,蹲在井边就栽进去。井水只有1米多深,还没结冰,他没被淹死,也没被摔死。无奈,站在井水里等冻死也不行。他蹬着井壁的石缝爬上来。此时他满脸是血,浑身是水,冻得浑身发抖。他见前面有一处灯光,就朝灯光走去。原来,这是一个红砖厂的打更房。他进屋把打更老头儿叫醒,让他去派出所报案。

根据"王二儿"供述,公安机关马上调查王忠河被提前释放的原因。

原来,王忠河弄到的那张诊断书,上面写有四种疾病。这就是"肺结核""肺气肿""肺感染"和"中毒性心肌炎"。公安机关立即对王忠河尸体进行检验,结果没发现疾病。随后就追查开假诊断书的大夫,诊断书上有大夫的戳记,很容易查到。

开假诊断书的大夫叫尚军,38岁。由于王忠河已死,只能听他一面之词。他说,他和王忠河一无亲,二无故,素不相识,更没收取分文钱财。王忠河说他给看守所买菜,借机到医院看看病。他说他家有妻子、儿女,还有老母,如果能有一份诊断书证明他有病,他就会被保外就医,与家人团聚了。这位大夫就大发慈悲,给他开了一份假诊断书,说明他疾病在身。尚军后悔地说:"我本想帮他一下,没想到造假竟然毁了他们三家。"

司法人员问他:"你的一份假诊断书惹了这么大乱子,你应该负什么责任?"

尚军说:"按法律办吧,怎么处理我都行。"最后,他被大石桥市人民法院以玩忽职守罪判处两年有期徒刑。

"王二儿"虽然有自首情节,但他连杀三家九口,无法从轻。他受到了法律的严厉制裁。

 诚信为本,造假不对;
轻者违法,重者犯罪。

糊涂女人

糊涂女人要比糊涂男人命运更悲惨。在这里，我要向读者讲述三个糊涂女人的悲惨命运。这三个人，一个被乱刀捅死，一个进了监狱，另一个被骗了感情。在这三个女人中，有两个是辽宁省营口市鲅鱼圈区的，我们就从鲅鱼圈区讲起。

鲅鱼圈区以前是农村的一个人民公社，后来改成乡。全乡22个自然屯，两万多人。国家决定在这里修建海港，这个乡一下子变成了营口市的一个区，人口猛增20多倍，达44万。张珍就是在鲅鱼圈扩建时来到这里的，当时才18岁，经人介绍，在赵百禄的建筑工地给他当保管员。

赵百禄32岁，比张珍大14岁，是个有妇之夫，可是，他竟然在张珍身上打主意。一天晚上，朋友请客，他把张珍带上，回来晚了，就让张珍住在工地他的寝室里，两人同床共眠。我们以此可以断定：张珍是个糊涂女人。从此，他俩建立了一种特殊的亲密关系。赵百禄哄骗她说："我跟老婆总吵架，我找个理由跟她离婚，咱俩结婚，我的所有财产全给你，咱俩在一起过幸福日子，一生厮守，绝不分离。"张珍信以为真,成了他的"副妻",即候补妻子。

女人如此糊涂,命运可想而知。不要说赵百禄还没离婚,家里有妻子儿女,就是已经离了,也应该对他的人品进行考察,怎能草率地甘当"副妻"呢!

张珍的父母知道了,坚决反对,威逼女儿离开这个单位,并且急忙给她找对象,让她结婚远嫁。张珍竟然把这个情况告诉给赵百禄,赵百禄一边用甜言蜜语、海誓山盟稳住张珍,一边急忙跟老婆离婚,随后领着张珍私奔了。张珍父母知道后,束手无策,毫无办法,也只好随他们的便。

张珍跟赵百禄结婚了,婚后不到一年,她发现赵百禄虽然离婚了,但仍跟前妻藕断丝连,秘密来往,便同赵百禄争吵,直至提出分手。可是,赵百禄对她百般哄劝,使用各种手段硬是把她留在身边。赵百禄又对前妻说:"为了孩子,我们应该复婚。"他俩竟然复婚了。这样,赵百禄就有两个妻子,家里一个,身边一个。这种局面当然不会长久,战火迟早要燃起。

由于张珍在赵百禄身边,赵百禄把挣的钱大部分都给了张珍。一日,赵百禄前妻来要钱,说是6岁的儿子生病住院,需要5000元押金和花销。赵百禄跟张珍要,张珍说:"前几天,我父母因为有事用钱,我把钱给我父母了。"

怎么办?赵百禄领着张珍去找她父母,说明情况,想把张珍给他们的钱再拿回一点,解决燃眉之急,等以后挣到钱再往这里拿。张珍的父亲说:"你怎么能有脸到我们这里来要钱!我女儿跟你人不人,鬼不鬼的,给我们家丢尽了脸!我们都不敢出门见人,对亲戚朋友无法交代,你把我们害得好苦，咱们找个地方说理去。"

赵百禄跟他吵起来。张珍的父亲认为自己是长辈，对赵百禄破口大骂，骂他是大骗子、大流氓。赵百禄的怒火被点燃，不要命了，拿起人家的菜刀就往张珍父亲头上砍，一刀下去，鲜血从头上淌到脸上。张珍母亲吓哆嗦了，急忙喊人："快来人啊！杀人啦！"赵百禄又去砍张珍母亲。张珍一看，赵百禄这是不想活了，劝是劝不住，拉是拉不开，急忙跑出去想报案。赵百禄明白她的用意，紧紧追上，一顿乱刀将她砍倒，把她杀死在血泊中。

赵百禄持刀行凶，连砍三人，造成一人死亡、两人重伤的严重后果。他知道罪行严重，难逃一死，便决定卧轨自杀，结束自己的一生。临死前他托人给妻子捎信，让妻子把孩子带来，想在死前看妻子和孩子一眼。

他的前妻黄丽明是个苦命的女人。20岁就嫁给了他，跟他辛辛苦苦过了七八年，日子刚刚有点起色，富裕了，没想到丈夫竟有了外遇。为了维持这个破碎的家，她忍过、哭过、劝过，但这一切都无济于事。赵百禄最后还是硬逼着她离婚了，然后领着张珍跑了。黄丽明望着两个没爹的孩子，哭过、恨过、骂过，但她还是不忍心抛弃这个家。

赵百禄看到妻子领着孩子来了，哭着对结发妻子说："我这一辈子对不起你，我现在摊上了人命官司，活不成了。我死后你一定要把孩子带好，不要让孩子学我……"

他妻子劝他说："你走错了路，办错了事，干吗非得要死呢？天下这么大，跑到哪儿还不能躲一躲。我在家有困难，可以求亲告友，让大家帮助解决，你把家里的所有钱都拿走,赶紧远走高飞……"这个糊涂的黄丽明哪里知道,拿钱资助犯罪的人潜逃是犯罪。

赵百禄在黄丽明的启发下,又有了生的希望,拿着黄丽明给他的钱,畏罪潜逃了。

他先是在盖州东边的大山里躲藏了五六天,然后窜进一个小火车站,爬上一列开往北方的火车,来到哈尔滨以北的呼兰县,在那里的一个电厂当临时工,挣钱糊口,晚上住在一家个体旅社。旅店的老板叫曲兰,40多岁,是个寡妇,矮矮的,胖胖的,她见店里来的这个客人膀大腰圆,身体强壮,老实能干,从心眼儿里喜欢上了他。对他格外热情,服务周到。

赵百禄对旅店老板曲兰说:"我叫李卫东,在家搞经营,亏损了,欠人家钱还不上,只好躲到这里,现在是无家可归。"这话到底对不对,他家里还有什么人,曲兰不调查,竟然愚蠢地动了凡心,稀里糊涂地跟这个自称是李卫东的人"搭伙"过上了日子。

两人以夫妻相称,在一起生活时间长了,感情开始加深。8年以后的一天,公安机关的一辆警车开来,给这个自称"李卫东"的人戴上手铐,把他推上警车。直到这时,跟赵百禄稀里糊涂生活8年的曲兰才知道,这个自称"李卫东"的人,真实姓名叫赵百禄,是个为了躲避法律制裁而逃到这里的杀人犯。

这起案件有两个被告人:一个是赵百禄,他犯了故意杀人罪,被判处了严厉刑罚。另一个是他的前妻黄丽明,被认定犯了窝藏罪,也被判处了刑罚,送进监狱。曲兰被骗,不知道赵百禄是犯罪分子,由于她在主观上没有窝藏犯罪分子的故意,没被追究刑事责任,但她被骗了8年感情,影响了她正常处理婚姻问题。

 违反法律和道德,人生悲剧无处躲。

索要赔偿

辽宁省丹东市辖区内东港市（辽东县级市）住着一户姓纪的农家，父亲死后母亲领着两个儿子生活。后来，大儿子纪怀仁结婚单立门户，盖了新房，有了孩子，小日子过得富裕幸福。

一天，纪怀仁从农贸市场买回一只小猪崽儿，过了一星期，他见这猪身上有伤，伤口流血，怎么了？他问其妻，妻子不知道，又问孩子，孩子直摇头。他很心疼，蹲在猪身旁给猪挠痒痒，把猪稳住后，给洗伤敷药，就像照料生病的孩子。过了一星期伤口没好，还往外流水、流脓，四周红肿。

纪怀仁的叔叔纪玉礼知道了，说："这肯定是被狗咬了。你们这条街吴有田家的狗厉害，又放在外边乱跑，就是他家狗咬的。把猪咬成这样，不能饶他。"

纪玉礼从哥哥死后，一直把两个侄儿当成亲儿子看待，要是有人欺负，他决不善罢甘休。他认为，吴家的狗把猪咬伤，应该向吴家索赔，就领着纪怀仁到吴有田家，要求吴家给猪治伤，这就拉开了索赔序幕。

吴有田不在家，他妻子说："我们养狗散放不对，你们养猪散放也不对。再说，全村有三四十条狗，谁看见是我家狗咬的！你们的猪既然是好几天以前被咬的，当时怎么不来找？"

纪玉礼听她这样说，就提高嗓门跟她吵："你怎能这么说话！当初还没看出来被咬得这么重，现在来找晚吗？你去看看，猪快死了！"

"快死了不是还没死吗？"

纪玉礼气得直打战。纪怀仁见叔叔被戗了，也气得翻白眼，拉着叔叔往外走，临走时对叔叔说："行，我们先回去，等猪死了再跟他们算账！"

过了五天猪死了。这样一来，纪、吴两家就围绕赔偿问题开始闹纠纷。

纪怀仁和叔叔来到吴有田家，正式要求赔偿。吴有田听妻子说过这事儿，心里有了准备，纪家叔侄一到就面带微笑，好言相待："坐，坐，都请坐！先抽支烟。"说完就递凳递烟。纪玉礼坐下后说明来意。吴有田说："这好办。猪既然死了，再说什么它也活不成。这样吧，等到年底，咱家杀猪时给你们送点儿肉。"

纪怀仁说："咱不是来要肉的。"

"嗨！大兄弟，咱们在一条街上住着，是邻居，低头不见抬头见，即使你们家的猪不是咱家狗咬的，年底我们杀猪时请你们来吃肉，这也是正常的嘛！"

吴有田满脸带笑，和和气气，总是拣好听的说。一番宽心话把纪家叔侄说得没词了，不好意思再提赔偿的事儿，两人坐了一会儿就离开了吴家。

回来后，纪玉礼觉得不对：难道我们是因为猪死了，到年底没肉吃才去跟他们要猪肉的吗？一只活蹦乱跳的小猪被咬死了，不赔钱怎么行！

过了两天，纪玉礼一人来到吴有田家。在院子里，他遇见了吴有田妻子，说："我们的猪是被你家狗咬死的。你们养狗没看管好，有责任；我们养猪散放，也不对。猪死了，这个损失咱两家分担，你们出点儿钱，咱再添几个，让纪怀仁到市场上再买一只，这事儿就算拉倒。你看怎样？"

吴有田妻子不好说话，当时她正在院子里干活儿，头没抬，手没停，板着脸说："你们买不买猪与我们不相干。你们的猪是不是散放的，也不关我们的事。咱家的狗用绳拴在院子里，你看看，现在还拴着呢！你说你们家的猪是被咱家狗咬死的，有证据吗？空口说白话，进屋就要钱怎好意思开口！"

"唉！你这个人好不讲理！吴有田都承认猪是你家狗咬的，他还答应到年底赔猪肉，你怎么就来浑的呢？"

"吴有田什么时候承认的！他说过你们家的猪是被咱家狗咬死的吗？他答应给猪肉你们就放赖呀！他说过给猪肉不假，讨饭的来要吃的咱也给。"

纪玉礼跟她吵几句以后觉得，跟不讲理的人讲不出是非曲直，就说："好男不跟女斗。猪是狗咬死的，我先把狗牵走再说。"说完就弯腰伸手从木桩上往下解拴狗的绳儿。

吴有田妻子能让吗？她扔下手中的活儿，气呼呼地上前阻拦，说："干吗！想抢啊！"

纪玉礼推了她一把。这一推，吴有田妻子不干了，她伸手就跟纪玉礼厮打起来。

吴有田在屋里从玻璃窗看得清楚,急忙跑出来给拉开,但这时他妻子已被打倒在地。她跟许多被打者一样,马上到医院挂号、检查、上药,花了医疗费138.5元。

这样一来事情复杂了:你让我赔猪崽儿,我就让你赔医疗费。双方互不让步,一场更大的纷争即将发生。

不知哪个好心人把这事儿反映给村里调解委员会。调解员老冯把纪怀仁、纪玉礼和吴有田及其妻子,全都请到调解委员会办公室,进行调解。老冯说:"老吴家的医药费是138.5元,咱再把老纪家的猪崽儿作个价,两笔账一抵销,看看谁的损失大,对方再赔一点儿,这事儿从今以后谁也别再提了。你们都住在一条街上,要和睦相处,还要经常来往……"

纪玉礼先摇头,说:"这是各打五十大板,哪是调解!这是和稀泥,这样调解不行!无病就医,这个医药费咱不拿,我们的猪是他家狗咬的,少一分钱也不行!"

吴有田妻子不示弱,比纪玉礼还难弄,她指着纪玉礼大声喝问:"你说!什么叫无病就医!把人打了还不许去医院检查吗?这医药费与纪怀仁无关,今天就得你拿!纪怀仁的猪被狗咬死了,谁家狗咬的你们就去找谁。你说是我家狗咬的,谁看见了?你交出证人来!"

纪玉礼一拍大腿,说:"我看见了!我就是证人!"

吴有田妻子亮开嗓门就喊:"你看见行吗?你就是一个人吧,不能叫证人。我还证明你家猪身上没有伤呢,你们是耍赖,这行吗?"

"你这是放屁!"

"你那话还不如放屁呢!有一点儿味吗!"

双方越吵声越大,活像公鸡斗架。老冯手中没有"惊堂木",只好凭嗓子喊:"吵什么!是让你们来吵架的吗?"

看得出,老冯被难坏了。明官最怕无证案。猪到底是不是吴家狗咬的呢?吴家提出纪怀仁叔叔的证实不管用,也不是毫无道理。可是,上哪儿再找证人?

要想调解成功,双方都得让步。这两家都不怕乱子大,宁可死都不服软。这就叫作"大爷遇大爷,谁也不妥协;互相僵持,一起毁灭"。

老冯调解不下去,为了防止双方再打起来就说:"今天先调解到这儿,事后,我们村委会研究一下。在村委会做出决定之前,谁先挑起事端,谁负全部责任。哪一方有不法行为,一定严肃处理。咱先把丑话说在前面!"老冯想来个冷处理。

纪、吴两家没利用好这个调解机会,纠纷没解决,怒火不熄灭,就像一颗哑炮没排除,爆炸随时会发生。时间在双方理性的克制中过去了半年,最后哑炮终于爆炸了。

这天上午,吴有田拿把铁锹,来到纪怀仁家大门外攒一堆沙子。这沙子是吴有田用马车从远处拉来的,因为街道狭窄,马车不能通行,不得不临时卸在这儿。没想到,由于没及时运回来,时间一长,猪拱鸡刨,沙子散成一片。吴有田把沙子攒完刚要走,纪怀仁从院子里走出来对他说:"时间过去半年了,赔猪的钱什么时候给?"

事情本来已经过去了,如果不再纠缠,则可以风平浪静,双方平静地生活。可是,遇事不肯让步的纪怀仁又打响了"第一枪"。

吴有田没回答，倒反问一句："我们的医药费也过去半年了，你们什么时候赔？"

"医药费的事儿，你去找我叔叔，与我无关，我是说赔猪钱。"

吴有田又说："你家猪死了让我赔，那么，我家这堆沙子在你家大门外丢了不少，你能赔吗？"

"沙子丢了关我什么事？"

"那就得了呗，你家猪死了，与我有何相干！"

"猪是被你家狗咬死的。"

"我丢的沙子是你家偷去砌墙用了。"

"我砌墙了不假，你看见用这沙子了吗？"

"那么，你看见你家的猪是我家狗咬的吗？"

"看见了。"

"我也看见你偷沙子了。你家砌墙用的沙子都是我家的。"

……

两人吵起来，越吵越往一起凑，最后都用拳头代替了语言。等路人给拉开时，两人都挨了对方几下子，都没占到便宜。

中午，纪怀仁的弟弟纪怀强来了。纪怀强23岁，血气方刚，知道哥哥挨打，二话没说，转身跑回家，拿来一根木棒子对哥哥说："走！他们老吴家还翻天了！我看他吴有田长几个脑袋！"纪怀强拎着棒子在前，纪怀仁赤手在后，哥俩大步流星地直奔吴家。

到了吴家院门外，他们看见吴家16岁的儿子吴军站在大门口,纪怀强就问:"你爸哪去了?让他出来!"

吴有田在屋里听见了,抬头一看,见纪氏兄弟拿着棒子来寻衅打架,就掀开炕席,从下面抽出一把明晃晃的杀猪刀,跑出来迎战。他认为:你们既然拿棒子,我就可以动刀;你们要敢往死里打,我就敢下毒手。我能怕你们吗?

双方都明白:用语言争辩,谁也说服不了谁。要让对方低头,出这口气,只有动武。所以吴有田一出院门,双方都没说什么,很快就打起来。棒来刀抵,刀来棒挡,叮叮当当打成一片。村里人看见了,很快就给拉开。

还好,由于拉得及时,这一场混战没分胜负,双方都没受伤,但也都不气馁,都不打算让步。

第二天下午,吴有田想起那堆沙子有可能再丢失,或者再被弄散,自己如果再去攒,有可能引起纷争,就让一直没参与这事儿的儿子去。他对儿子吴军说:"你扛几捆秫秸,去把沙子挡一挡。"

两家有矛盾、打架,吴军是知道的。沙子堆在纪怀仁家大门外,去了会不会挨打?他想到这儿,把一只装满枪砂火药的自制手枪别在身上。这支枪,一尺多长,用自行车链条做的,装上枪砂火药,打个鸟什么的还真管用。吴军想:你纪怀仁要敢打我,我就敢开枪。即使打不死你,也要让你听个响,吓你一跳。

此时,纪怀仁和弟弟都在家里,从玻璃窗看见吴军在大门外用秫秸挡沙子,他俩都出来了。纪怀仁对吴军说:"你爸说,你家沙子丢了,是我们偷来砌墙了,你到墙根前看看,哪是你家沙子?"

吴军说:"你家新砌的那半截墙,用的就是我们家的沙子。"

他刚说到这儿,纪怀仁见他年纪小,好欺负,照他脸上就狠狠扇了一个耳光。吴军知道,自己一人打不过他们哥俩,拔腿就跑,纪氏兄弟紧追不放。吴军听见身后有脚步声,知道他俩追来了,拔出自制手枪,突然转身就射。

"砰!"的一声响极了,声音震耳欲聋。纪怀仁没想到,吓得一蹿高,但他在跳起来的时候,枪砂已经射进左胸,打进肺和心脏。纪怀仁当时就双膝跪地,再也没起来。

纪怀强不知哥哥重伤,只知道被枪打了,气得紧追不放,在吴家大门外追上他了。吴军的枪,由于火药已经射出,再装来不及了,被纪怀强好一顿打。吴有田听见外边打起来,跑来救儿子,也被狠狠揍了一顿。

纪怀强把吴家父子揍了一通之后,转回身,扶起哥哥,这才知道伤势不轻。他把哥哥送到医院,立即抢救。由于枪砂击中心脏,神医也束手无策,当晚,纪怀仁就命归黄泉。

至此,这场互不服气、互不让步的赔偿风波留下一片残局,只好由公安、司法人员来收拾。

案件起诉到辽宁省丹东市中级人民法院,纪家提起刑事附带民事诉讼,要求吴军赔偿纪怀仁死亡的经济损失,要求吴有田赔偿因猪死亡造成的经济损失。法院认为,猪死亡的损失,不是被告人吴军犯罪造成的,不符合刑事附带民事诉讼条件,不予受理;被害人纪怀仁死亡的经济损失,按照法律规定,应该由被告人吴军赔偿。由于他未成年,由其监护人赔偿,即其父母赔偿。

丹东市中级人民法院认定被告人吴军犯故意杀人罪,因未成年,从轻判处有期徒刑十五年,附带民事赔偿原告人经济损失数万元。

这场索赔风波的结局是:纪怀仁索要的赔偿款分文没得到,得到的却是他的丧葬费;吴有田不肯付出几十元的赔猪款,到头来,不得不把数万元交出去。纪怀仁中弹身亡,扔下娇妻和幼子;吴有田家,儿子入狱,全家迁居他乡。

 忍让不是惧怕,好斗不是强大。

互不相让

马鸿鸣住的三间旧房不知是哪个年代盖的。他爷爷住完由他父亲住，临到他这辈，这破房子不要说墙壁歪斜，摇摇欲坠，就是门窗也支棱八翘，无法关严。他积攒了一些钱，又跟别人借一点儿，盖了五间大瓦房，搬进去以后，原来这三间旧房就闲下来，他决定卖掉。

他们本家族的马鸿望知道了，跟他说："你那三间旧房卖给我吧。我把它扒了，用扒下的石头砌猪圈。"

"给多少钱？"

"5000元。"

"笑话！再给5000元也不卖。告诉你吧，少于15000元买不去。"

"真敢要价，那破房子值这些钱吗？"

"房子不值，地皮值。把房子扒了可以在那地方盖新的。要不，想盖房地皮批不下来。"

其实，马鸿望买房是真，但买完扒石头砌猪圈是假。他是想把这三间旧房买下，同时宅基地也就到手了，然后在那盖房子。不走这条路，要想盖房谈何容易，他申请地皮根本没有正当理由。他看买房的目的被揭穿，用5000元不行就往上加价。两人讨价还价讲了一个多月，幸亏没别人来买，最后以12000元成交，并且签了合同，明确写出：买主马鸿望一次交现金12000元；卖主马鸿鸣的三间旧房及庭院，全归马鸿望所有；其他无争执。

　　马鸿望买了房，从村里找一帮人，立即拆房，准备在这儿盖新的。建房艰难扒房容易，况且这墙壁就是用黄土把一些石块粘在一起而成的，大锤一砸，稀里哗啦倒一片。顷刻之间，这三间房被扒得只剩一米多高的墙壁底座了。

　　这时有人发现，在一处残墙断壁中露出个黑布包。布包比砖头略小一点儿，用麻绳捆的。拿铁锨一碰，布破了，绳断了，可是里边还包一层。有人喊："快来呀！发现出土文物了！"一帮人呼啦啦围过来看热闹。

　　他们一层层地打开，共有四层油布，里边是块长方形的金砖。紧贴金砖有块淡黄色的布，估计原先可能是白色的，因为年代久远而变成这种颜色。这块布呈正方形，边长有十多厘米。上边隐隐约约能看出几个毛笔字。"刘""恩""儿子""财"等，其余的怎么也看不清。多数人猜测：可能是藏金砖这个人叫刘什么恩，是给他儿子留下的遗产。但也有人反对，提出疑问：这个村子只有两户姓刘，又都是近几年才从外地迁来的，再说，姓刘的怎会把金砖藏到马家的住宅墙壁里？

　　谜底解不开。马鸿望不管三七二十一，自己花12000元把这房子买下了，庭院、墙壁都归自己，当然墙里的金砖也归自己。他把金砖拿到银行，卖了6万元。腰包鼓起来，乐得一连两夜没睡好觉。

世上没有不透风的墙。马鸿鸣知道后马上找上门来,跟马鸿望要金砖,说:"我卖给你房子、庭院,但祖辈留下的金砖应该归我。"

你说马鸿望能轻易给他吗,当然不能,脸红脖子粗地跟他讲理:"咱买房的字据写得清清楚楚,你那三间房连庭院都归我,也没说扒出什么值钱的东西再归你呀!要是扒出炸弹炸死几个,你还负责任吗?"

公说公有理,婆说婆有理,他俩各执一词,都是从维护自己利益的角度讲道理,谁也说服不了谁。村上人知道了,有爱管闲事的从中给调解,说:"你们是本家族的,一向相处挺好,别为这事儿争了。这块金砖一家一半儿。不是卖了6万元吗,一家3万元。"

别看马鸿鸣和马鸿望都各讲各的理,但对另一方的理由也都认为不是毫无道理。他俩对这个"和稀泥"的办法都未置可否,但各自的妻子不同意。尤其是马鸿鸣那口子,红眼了,就像斗架的公鸡,不但6万元全要,还要跟马鸿望要这段时间的利息。她说:"不管谁来评理,马鸿望花12000元能把6万元的金砖买去吗!想占便宜也没这么占的!告到哪儿我都敢跟他们干!"

马鸿望妻子呢,把卖金砖的6万元拿到手,就像猫叼鱼、狼咬肉,想让她吐出来,没门儿!她把存折藏起来,就是不交给马鸿望,不让取钱。她说:"买卖房屋的合同上没写扒出金砖两家分,咱凭什么要给他们一半儿!这一半儿是3万元,咱得出多大力、流多少汗才能挣来。不给!说不给就不给,让他们去告吧！"

两家女人唯恐乱子不大，唯恐打不起来。不管别人怎么苦口婆心地调解，她俩就是毫不相让。最后，马鸿鸣向法院递交了起诉状，开始跟马鸿望打官司。

法院公开开庭审理了这起"金砖"案件，根据《民法通则》第七十九条规定："所有人不明的埋藏物、隐藏物，归国家所有。"于是做出判决：房屋买卖合法有效，但这块金砖收归国有。马鸿望无话可说，只好把6万元如数交到法院。

官司打完了，两家像秋后的蚂蚱、霜打的草，都蔫了，谁也不蹦了。

公说公有理，婆说婆有理，
都是为自己，结果害自己。

事出有因

辽宁省鞍山市有个县教育局，田建生是这个局的青年干部，30岁了，因为没有房子一直不能结婚。一天，教育局办公室李主任告诉他，局里经过研究，决定把闲置的一排库房东头的两间借给他，田建生心花怒放。

李主任还领他到那里看了看，这排库房有10间，是教育局用来装教材和其他物品的，由于没有那么多教材和物品可装，有一部分是长期闲置的。李主任告诉他说："局领导说了，把东头靠边的这两间借给你，你可以把它收拾收拾，如果用水泥、白灰等材料，你就自己买点儿，把发票交到教育局，局里给报销。"随后把房门钥匙给他。田建生很高兴，把这两间房子整理、粉刷完之后，结婚那天，局里来了许多同志，四位局长全来了，大家都到这里为他贺喜。

这房子在县城边，虽然离教育局挺远，但整个县城也不大，田建生每天骑自行车上下班，觉得挺好。住了一段时间，他由岳父资助，在这房子东边的空地又搭建了一间房，除了装点破烂东西以外，主要是停放自行车。

二年以后，兴起了机关办企业之风。教育局就想把闲置的仓库用起来，以便挣钱为职工谋福利。局里有人向领导提出意见，说是应该把借给田建生的两间库房收回来。因为借给他房子，只是解他的燃眉之急，不能把局里的房子只借给一人长期使用，而影响为全局职工谋福利；再说，田建生既然能拿出钱在房东边搭建房屋，就应该有钱租房住，不应该老住着局里的房子。

局领导认为群众的意见有道理，就让办公室李主任把这个情况跟田建生说一说，让他把房子腾出来。田建生说："我把房子腾出来可以，但我在这房子旁边又搭建了一间，花了4000多元，这怎么处理？"

李主任只好向局长反映这个情况。局领导认为，局里借给田建生房子时，他痛痛快快地就住进去了，现在让他搬出来，怎能这么不讲信用呢。局长告诉李主任，让李主任再跟田建生说，"你搭建的房子是违章建筑，没经批准，损失自负。"

李主任把这个意见传达给田建生，田建生的妻子杨华不让了，说："这房子是不是违章建筑得由城建局、土地局认定，教育局没有资格认定。再说，我们建的这房子是明摆着的，也不是偷偷摸摸刚建的，既然是违章建筑，我们盖的时候局里为什么不管！如果不把这间房子如何处理弄明白，不赔我们钱，我们就不能搬走。"

李主任在局长和田建生之间跑来跑去，鹦鹉学舌，来回传话，就这么拖了很长时间问题却没得到解决。由于教育局急于办企业，主管办公室和后勤的贾副局长亲自找田建生谈，说："局里已经决定，让你在半个月之内，把房子腾出来。由于这个地方离县医院近，局里决定在这里开个寿衣店，由两三个人在这里经营，专卖寿衣和花圈。你赶紧把房子腾出来。至于你搭建的那间房子，你把它扒了，把材料拿走。"

田建生回家把这个情况跟爱人杨华说了，杨华火冒三丈，说："房子扒完就是一堆建筑垃圾，什么用也没有。让我们把扒下来的材料拿走，还不如不要房子了。后建的这一间，教育局可以用，我们也可以用。如果教育局不让我们用，少给一点儿补偿也可以。让我们扒房子，还不如把房子没收了。不把这间房子处理明白，咱不能腾房子。"

在中国，不少好男人怕老婆，田建生也不例外。妻子不同意，局领导又让腾房子，田建生夹在中间就像黄牛掉进井里，不仅有劲使不上，也实在无路可走。

半个月的期限过了，田建生没搬走，这一下子可气坏了贾局长。难道局长说话就像放个屁！"我去看看！"他领着李主任等一些人来到田建生住的那两间库房。家中无人，房门紧锁。贾局长说："我让他半个月把房子给腾出来，现在已经过半个月了，房子就是我们的。把门给撬开。"

局长发话了，随行人从车上拿来螺丝刀，不一会儿就把房门锁撬开。随后，他们摆进了五个大花圈，教育局的寿衣店开始营业了。

下午，田建生的妻子回家看见房门被撬，屋里摆上了花圈，气得嗷嗷叫，料到这是教育局干的，骑上自行车直奔教育局。在教育局贾局长办公室里，跟局长吵起来。贾局长说："田建生是我们局的干部，有事我们跟他说，你回去，这事与你无关。"

杨华说:"那是我的家,你们在我家摆上花圈,怎能说与我无关!"杨华在这里又吵又闹,又哭又叫。贾局长这一回可领教到了什么叫厉害,面对一个妇女的斥责显得尴尬、狼狈。他说:"田建生是我们局的职工,当初他结婚时有困难,局里帮他一把,把房子借给他,没想到惹出这么多麻烦!"

杨华说:"这是两回事。我们结婚时有困难,局里帮助解决,我们向你们表示感谢。但是,不能因为你们帮过我们,就可以随便欺负我们,就可以在我们不在家的时候把门撬开往我家摆花圈。我们也有人格,也有尊严,不能因为你们帮过我们就可以侮辱我们,不尊重我们。不要说你是局长,不管谁这么干也不行。"贾局长无言以对,他让人把杨华拽开、带走。

杨华回到家,看着花圈越想越气,她把屋内五个花圈一个个搬出来,绑到她的自行车后货架上,驮到哪儿去了呢?你可能猜不到。教育局当时一共有四位局长,她一家给送去一个。住楼房的给送到楼下,住平房的给送到院子里,每到一处,她都说这是给教育局局长家送来的。由于贾局长主管这件事,贾局长得到了"特别关照",给他家送了两个。

局长往职工家送花圈没人管,但是,有人往局长家送花圈,这个事儿可就大了。公安机关很快介入,随后把杨华抓去,并且给予行政拘留7天的处罚。

你说杨华能服气吗?她根本不服。7天过后,她被放回来，这一回她不再去教育局，而是开始跟公安机关打官司，要求市公安局对这起案件立案复议。市公安局经过审查认为，按常理，给别人送花圈是因为那里死人了，往四位局长家送花圈是公然污辱他人的行为，依照《治安管理处罚法》的规定，给杨华拘留7天的处罚并无不当，于是，维持了县公安局的处罚决定。

杨华仍然不服，又向县法院提起行政诉讼，状告公安机关的处罚不公。杨华说："我给活人送花圈触犯了法律，受到拘留7天的行政处罚，那么，教育局的局长指使他人往我家送花圈是不是也违法，为什么不处罚他们？"

县法院经过审理认为，教育局往杨华家送花圈，是因为教育局让他们搬家，把教育局的房子给腾出来，而他们拒绝，教育局要在本局库房开设寿衣店，要出售花圈；而杨华往他人家里送花圈，显然是侮辱行为。县法院便做出处理决定，"维持原裁决"。

杨华还是不服，又上诉到辽宁省鞍山市中级人民法院。中级法院二审审查认为，杨华往活人家送花圈确实不对，但是，是事都有因，是草都有根，对事情不能割裂开看。杨华往四位局长家送花圈，是因为教育局往她家送花圈在先，由此引起的。在双方正在交涉要房、腾房问题还没达成协议的情况下，教育局采取硬性手段，撬门压锁，首先往杨华家送花圈，这是错误的，不应该得到支持和肯定。由于先有了错误做法，这才激起杨华的气愤，随后才引发杨华往局长家送花圈的行为。公安机关不顾及教育局的不当做法，将杨华行政拘留7天显失公平。为了保证公民的合法权益，市中级人民法院撤销了原审法院和两级公安机关对杨华的判决和裁决。由教育局有关领导和杨华分别承认错误,向对方道歉而了结了此案。

 河有两岸,事有两面,
看问题要看全,不能只听一面之词就下判。

需要解释

沈阳市大东区的邢树家是个公认的老实人,从来不和任何人争执。可谁能想到,他在50多岁的时候竟然跟人打架,还领着两个儿子跟人打,打伤两个,打死一个,他成了犯罪分子进了监狱。这是因为什么呢?我们从头说起。

11月15日这天晚饭后,大约晚上7点钟,他领着两个儿子去帮助亲属搬东西。他骑自行车走在前,两个儿子推三轮车跟随其后。自行车速度快,他骑至沈阳市大东区广宜街十字路口时,下了车,站在那儿不停地张望,等候两个儿子。

这时,有三个年轻小伙子罗富、张永喜和隋禄从广宜街的一家小饭店里出来。他们在那里刚吃完、喝完,一个个醉醺醺的,他们要到附近的公厕去。罗富路过邢树家身旁,见他四处张望,问:"你瞅谁?"

"瞅我儿子。"

罗富认为是骂他,挥拳就打。邢树家突然挨了一拳,莫名其妙。罗富打第二拳时,邢树家也没老老实实地等着挨打,本能地挥拳反击,两个人就厮打在一起。

罗富如果认为是骂他,应该问一句"你凭什么骂我",但他没问。邢树家遭受突如其来的暴打,也应该问一句"你凭什么打我",他也没问。双方在误解中展开了一场激战。打呀打呀,打的原因双方都不清楚。正是:哭了大半天,不知死了谁!

罗富身旁的同伙张永喜和隋禄见状,没有袖手旁观,他们不问青红皂白,一拥而上,像两只饿狼扑向邢树家。邢树家孤军无援,遭受三打一,被打得狼狈不堪,而这三个小伙子仍然不肯罢手。

这时,邢树家的两个儿子推三轮车走过来,看见一伙人正在打架。凭借路灯,看见被打的正是自己的父亲。父亲一向很老实,从来不惹是生非,他们为什么要打父亲?当时情况紧急,这两个儿子不由分说,扔下三轮车立刻上前助战。

邢树家的一个儿子拿起三轮车上一捆绳子作武器,另一个儿子拿起三轮车上的一块木板上去参战。

再说罗富他们,只顾痛打邢树家,没想到身后会有两个年轻小伙子上来打他们,毫无提防。邢树家的一个儿子拿着那捆绳子,又粗又重,打下去十分厉害;而邢树家另一个儿子拿的木板,就像带了棱角的大棒子,一下子砸下去后果不堪设想。罗富他们个个赤手空拳,待路人给拉开时,罗富他们已经被打倒在地。其中隋禄被打得最重,送医院抢救无效,命赴黄泉。

一场混战之后,邢树家父子三人只有一点轻微擦伤,而罗富他们一死两伤,后果严重。邢家父子三人被公安机关刑事拘留。案件起诉到法院,在法庭上,邢树家说:"那天,我领两个儿子到亲戚家帮忙搬东西。我骑自行车走在前面,我的两个儿子推三轮车走在后面。走到大东区广宜街十字路口处,我下自行车等他俩,向后张望,看他俩上来没上来。这时,被害人罗富走到我跟前问我'你瞅谁?'我告诉他'瞅我儿子'。罗富不由分说挥拳就打。我没骂他,也没侵犯他,这起案件是他引起的。"

而罗富则说:"当时,我看见这个人在十字路口张望,我走到他跟前,我看见了他,他也看见了我,我问'你瞅谁',他说'瞅我儿子'。我不知道他是在等他儿子,由于他当时没解释,我就认为是骂我。他无缘无故地骂我,我不能容忍就打了他。"

真是"说了大半天,原来大嫂是女的"。打了大半天,原来是一场误会。再问被害人张永喜为什么要参与打架,他说:"我看罗富跟人打架了,没考虑是因为什么,就上去帮他打。"在这场混战中,隋禄死了,假如他还活着,问他为什么要参与打架,他也许做出同样的回答;不知道为了什么参与打架就被打死了。

在法庭上,罗富说:"我与邢家无冤无仇,为了这一仗,我花了7000元医疗费,这损失应该由邢家父子赔偿。"张永喜和隋禄的妻子在法庭上也都提出要求邢家父子赔偿经济损失。

是需要赔偿,但也不是损失多少赔多少。刑事附带民事诉讼所要解决的是民事赔偿问题,而民事赔偿问题要坚持过错原则。在案件起因上,邢树家没有过错,他只是站在路口等儿子,张望儿子,他没骂罗富,也没侵犯罗富的利益,更没侵犯张永喜和隋禄。在案件起因上被害人有责任。邢树家虽然说了一句容易发生误解的"瞅我儿子"这句话,他应该解释,但罗富不容他解释,也不问为什么骂人,挥拳就打,这是发生案件的主要原因。

法院在查清事实的基础上,认为隋禄等三人已经被打倒,不能再继续跟邢家父子三人打了,已经停止了对他们的侵害,在这种情况下,邢家父子仍然继续打这三个人,致一人死亡,两人重伤,后果严重。法院根据法律规定,认定邢家父子三人均犯故意伤害罪,根据各自的不同情节,判处了不同的刑罚。对刑事附带民事的赔偿部分,根据过错原则,考虑到在案件起因上三名被害人有过错,对他们的经济损失,只是判决赔偿一部分。

糊里糊涂打一仗,不明不白把人伤。
事理不察皆鲁莽,黄泉路上人断肠。

中奖之后

沈阳纪忠民老汉 76 岁，他有两个孩子。一个是儿子，从军队转业，在兰州市一家工厂当车间主任，儿媳是那个厂的工人；另一个是女儿，在沈阳一家商店当营业员，女婿曲有业是小学教员。纪老汉丧偶后，曾一度自己生活，72 岁那年得了脑血栓，住院三个月，恢复正常后，女儿、女婿把他接回家，从此成了女儿、女婿家的成员。

女儿待父亲当然不错了，亲爹嘛！女婿曲有业知书达理，知道岳父虽然有儿子，但远在数千里之外的兰州，到那边也不容易，况且，沈阳是岳父的故土，故土难离嘛！如今岳父老了，无处容身，只好到他这儿来。曲有业没有半点儿怨言。

曲有业生有一子，20 岁，尚未婚娶。一家三世同堂，亲亲热热，和睦幸福。纪老汉除了每月有退休金外，原来住的那套房子卖了不少钱归他所有，这些足够他用了。再加上他上了年纪花销少，别看他住在女儿家，但在经济上不用女儿女婿负担。应该说，在这个家庭里，不管经济上，还是人际关系上，都是和睦的。然而谁能想到，在这个家庭内部会发生纠纷,最后竟打起官司来!当然,都是钱惹的祸。

事情的起因是这样的:有一天,曲有业花1000元买了10张兑奖券拿回家,吃饭时说,这种兑奖券不仅中奖面广,中奖机会多,奖品优厚,即使兑不上,本钱也返回,还有点儿利息。头奖1万元。老汉一听心活了,也要买几张碰碰运气。

曲有业说:"你出门不方便,我给你买。"老汉拿出300元,曲有业买回3张,纪老汉把它揣到衣兜里。女儿给洗衣服时发现了,说:"爸,这兑奖券你就交给老曲吧,咱还有10张,由他统一保存。你这么总揣着万一掏东西带出去,丢了咋办?你将来就是中奖了,也得老曲替你领。你这么大年纪还能自己去取呀?"

老汉听了,觉得有道理,就拿出兑奖券,翻过来,调过去,看了足有5分钟,想记住上面的号码,看了半天记不住,就拿支铅笔,掀起墙上的挂历,把这3张兑奖券的号码写在挂历最后一页的背面。晚上女婿下班回来,他把这3张兑奖券交给女婿,说:"先放你那,兑奖时,你给兑一下。如果中奖了,就给领回来;中不上,到期了,把本息取回来给我。"曲有业接过兑奖券,把这3张和他们那10张放在一起。

过了一个多月,《沈阳日报》登出了兑奖号码,曲有业把这13张兑奖券拿出来一兑,竟然有4张中奖。其中1张中头奖,得1万元,另外3张中末奖,每张得5元。曲有业乐得手舞足蹈,把钱领回来摆在桌子上。这笔钱,简直是从天上掉下来的。

老汉纪忠民问:"哪张中头奖?是你那10张,还是我那3

张？"

曲有业说:"13张混在一起分不清了。"

"报纸呢？我看看。"

"我在学校看的报，看完，也没拿回来。"

"明天给拿回来，我看看。我这3张号码我都记得。"

"好！"女婿答应了，也没放在心上。第二天，曲有业以他自己的名字把中奖的这1万元存到银行。

曲有业把往家拿报纸的事儿给忘了。过了两天，纪忠民跟他要报纸，他说："咱学校订的报，也没人管，来了随便抓，我找了一回没找到。"

他这一说，纪忠民起了疑心：哪里是找不到，肯定是我那3张中的头奖，他不肯往家拿。老汉为了核实准确，第二天自己上街，不知是从书刊亭买的还是跟别人要的，到底把那天的《沈阳日报》找到了。拿回家，掀起挂历最后一页的背面一对照，果然，头奖号码在这3张里。老汉怒发冲冠：什么"女婿是半个儿"，根本是个骗子！肝肺不是肉，女婿不是儿。就连嫁出去的女儿也不是好东西，是纪家的叛徒，家里的贼！他们一家合伙儿骗我，我算看明白了。老汉气得咬牙切齿，直喘粗气，就连双手也在颤抖。

晚上，女儿、女婿都回来了，老汉拿出报纸，又掀开挂历最后一页的背面，讲明中奖的1万元应该归他。女儿先说话了："归你也好，归我们也罢，不都是在咱家里吗，也没外流。就是给你了，你也花不了；给我们了，还是我们吃什么，你也跟着吃什么。"

老汉没想到，第一个出来说话的竟是自己的亲生女儿，而且满嘴浑话，这使他大为伤心。他感到孤独、无助、悲伤，欲哭不能，欲骂不忍，就跟她讲理："俗话说，亲虽亲，钱财分。咱虽然生活在一起，但这1万元该是谁的就是谁的，不能葫芦搅茄子。至于怎么花，怎样用，那是另一回事。是你们的，我也花得着；是我的，我死了也不能带到坟墓里，但得明确是我的。"

曲有业拿过报纸，看了看兑奖号，又和挂历最后一页背面那3个号码核对一下，根据岳父的平素为人处世，他确信，岳父不会有诈，中奖的这1万元应该归他，就说："这1万元归你。我已经存到银行了，是存三年定期的，你现在也不等用，到期取出来，连本带利息全归你。"

争论到此应该结束了吧？没有。这场争论，除了外孙没参与之外，这三人都有气。

年老了，脾气大，想问题可能与一般人不一样。老汉认为：第一，存折的名字不是自己的，没更改，这不是真心要把1万元交出来。第二，我已经是古稀老人，能不能活到三年以后，鬼知道！你们就这么欺负我吧。

女婿认为：你有儿子，却不去儿子家，住在我家，吃我的，用我的，病了还得我们护理，中奖的钱却要自己留着，这不是活着的时候让我们侍候，死了把钱财留给儿子继承吗！这个老家伙，吃里扒外！

女儿认为：父亲老糊涂了，像个小孩子似的不懂事儿，"以老比小"嘛！跟这种人不能认真。跟糊涂人讲理，说明自己糊涂。正像对牛弹琴一样，不看对象，其蠢如牛。这笔钱咱先留着，吃的、用的，反正样样都亏不了他。

这三个人同在一个家,各怀心腹事。对同一件事,因各人的利益不同,就从不同的角度看问题,得出不同的结论。认识不统一,矛盾没从根本上解决。白天,女儿、女婿和外孙都不在家,纪老汉一人在家生闷气。他翻来覆去地想,总觉得自己是寄人篱下,到儿子家,哪怕是当牛做马,挨打受骂,可那是自己的家。对!离开这里,主意已定,找儿子去。到儿子家,也不能空手去呀,这1万元得带着。但女儿、女婿又不给。人老了,可能考虑问题不周到,不知他怎么想的,竟写了状子,告到区法院,让法院跟他女婿要这1万元。

纪老汉把状子递到法院,法院也传他女婿了,打来打去,官司不了了之,说不清谁胜谁负,打了个稀里糊涂。

纪老汉的状子写得清楚,说是他中了头奖,得1万元,其证据是挂历背面有他记下的兑奖券号码;另外,被告曲有业也承认这1万元应该归他。所以,要求女婿曲有业把这1万元立即如数交还。

法院接待人员看了起诉状,认为有必要把被告曲有业传来询问一下,同时把起诉状副本给他,让他答辩。曲有业被传到区法院,他接过起诉状副本,看见自己成了被告,气得浑身发抖,拿回家把这起诉状副本往妻子面前一摔,吼上了:"你看看你爸干的好事!我成被告了。今天法院把电话打到学校,全校都知道你爸把我告了。"

他妻子说:"我爸原来不这样,这几年老糊涂了,别理他!"

"不理不行呀,他告到法院,能不理法院吗?法院让我答辩,你去答辩吧,你跟你爸打,我不管了。"

他妻子看了起诉状副本，曲有业告诉说："法院让尽快把答辩状交上去。"他妻子也气得够呛，二话没说，从抽屉里拿出纸，自己写。写完，告诉曲有业："邪打官司歪告状。他说他有理，你就说你有理；他说他有证据，你就说你也有证据。让法院判去吧！"

答辩状是针对起诉状的内容写的，大意是这样：一、关于挂历后面记的兑奖号码问题。是曲有业中奖后，纪忠民说可能是他的兑奖券中的奖。两方发生争执后，纪忠民上街弄来一张《沈阳日报》，照报纸上刊登的头奖号码，抄到挂历后面的。纪忠民从街上弄来的那张报纸，至今仍然保存在家。二、关于曲有业曾经承认过这1万元应当归纪忠民的问题。当时，纪忠民要这1万元，曲有业知道他有高血压，又曾经患过脑血栓，怕他再生病，出于安慰，才那样说的，实际上，这1万元的存折，一直没更名，也一直没给他，不属于他的。

一方说话全有理，双方说话见高低。单听一面之词，哪方都能胜诉。现在双方各执一词，让法院信谁的？法院让双方再提供证据，证明自己的主张是正确的，但双方都拿不出新证据。法院经过调查，也查不清他们之中的真伪。最后，法院认为事实不清，证据不足，根据《民事诉讼法》的规定，驳回起诉，不予受理。也就是说，这1万元到底归谁，法院以事实不清、证据不足为理由，不判了。

河长多滩，路长多弯；夜长多梦，日长多变。纪老汉万万没想到，几天前，女婿已经承认这1万元奖金归他，到了打官司时竟然来浑的。纪老汉知道自己有高血压，怕生气患病,只好忍气吞声,官司不打了,收拾起衣服行李,在写字台上留了一张字条,离开了女儿家,不辞而别,上了火车,找他儿子去了。

正是:亲戚不共财,共财断往来。留在写字台上的字条上是这么写的:"我去兰州找儿子,一去不再回来。我死后,用那1万元给我买纸烧吧。"

 亲戚不共财,共财断往来。

车费之争

晚上8点钟左右,在辽宁省锦州火车站的站前广场,出租车司机武宁把他的出租车停在这里,因为将有一列旅客列车进站,也许能等到活儿。

这时,一位长发女郎拎个提兜走到他跟前,问:"到南沟村得多少钱?"

武宁说:"我这车上有计价器,打表,大约50元。"

长发女郎说:"走吧。"说完要上车。

武宁说:"现在已经是晚上8点多了,你要去的那个地方太远,而且把你送到以后,我回来很可能跑空车。我在市里拉人跑空车的时候比较少,去的时候送人,回来也可能有人乘车。你如果实在要去,就得在按计价器付费的基础上,另外给我10元钱。"

长发女郎既没说同意,也没说不同意,打开车门就上了他的车,说:"走吧。"

快到南沟村时,武宁对长发女郎说:"前面就是南沟村,计价器上显示的是50元,你给我60元吧。"

长发女郎说:"你计价器上显示的是50元,我就给你50

元，凭什么多要10元？"

武宁说:"你上车时我已经跟你讲明,这个地方偏远,回去时我得跑空车,我说了你得格外再给10元,你同意了才上车,现在怎能反悔呢？"

长发女郎说:"我什么时候同意了？"

武宁说:"你既然没同意,为什么还要上我的车？"

两人正在计较付费多少时,车便到了南沟村。长发女郎说:"到了,你停车,我下去。"

武宁说:"你要不给我60元,我再把你拉回去。"车没停,继续往前走。这是一条环形路,一直往前走,绕个圈就可以再回到锦州火车站的站前广场。

车没停,车速快,长发女郎不能下车,转眼间已经离开南沟村一公里,来到一座小石桥上。

长发女郎一气之下头脑发昏了,完全不考虑后果,从提兜里掏出一把手枪,顶在武宁腰部说:"你把车停下来,把车给我。"她要抢车了。不管是真抢还是只是吓唬,这涉及法律问题。法律是高压线,触及很危险。

武宁一愣,见自己的腰部被长发女郎用枪顶住,认为遇到抢劫的了,惊慌失措,手一哆嗦,方向盘一歪,汽车一下子滑到路旁沟里,翻了。武宁爬上来,身上有点擦伤,但伤势不重。再看那长发女郎,由于车滑到沟里时车门开了,长发女郎被甩出车外,她的腿被车压住,挣脱不了。武宁开始电话报案。

恰巧武宁的手机没电了,他料到,长发女郎的腿被车压住,她挣脱不了,就跑到附近村子里找到电话报案。没过多长时间，公安机关的警车就到了。武宁的出租车仍然翻在沟里，但压在车身下的那位长发女郎却不见了。武宁说："抢车这个人当时被车压住，她的腿部肯定有伤，跑不远。"

武宁领着公安人员在附近苞米地里找到一个人，这个人趴在垄沟里，脸型和服装都像长发女郎，但头上的长发没了，变成一个年轻小伙子。武宁告诉公安人员："抢车的就是他！他原来是个男的，还假装女的，如果我知道是男的，我也不可能在这么晚拉他到偏僻的农村来。"

原来，这位长发女郎是南沟村的青年农民，是个小伙子，叫邵立才（绰号"邵大姑娘"），24岁。案件起诉到法院，邵立才尽管否认自己抢劫出租车，但由于有以下证据，一审法院还是认定他犯了抢劫罪，并判处了刑罚。

认定的证据是：第一，出租车司机武宁证实，并且辨认出作案人是邵立才。第二，在作案现场抓获了邵立才。第三，在现场找到邵立才作案用的左轮式手枪（玩具）。第四，在现场发现了邵立才作案用的假发、乳罩等作案用品。第五，有武宁的证实和报案记录载卷，又有现场搜查笔录和现场勘验笔录载卷。第六，邵立才曾经一度供认自己欲抢劫武宁的出租车。

宣判后邵立才不服，提出的上诉理由是：我无罪。我与武宁只是因为付车费问题发生争吵厮打，并不是抢劫他的出租车。

二审法院公开审理了此案。在法庭上，邵立才说："由于我长得像女人，我也很愿意化装成女人，村里搞娱乐活动往往让我扮演女人，而且大家都夸奖我演得像，村里人都管我叫'邵大姑娘'。那天我到市里办事，在商店看到了假发，我就把它买下了，同时买了乳罩，以便以后村里搞文艺活动时用起来方便。我哥哥有个小男孩儿，两周岁，我买的左轮式塑料手枪是给他玩的，并不是为了抢劫作案用。另外，塑料手枪没有杀伤力，如果被害人反抗，这样的手枪起不到任何作用。那天我确实男扮女装，目的是想回家给大家一个惊喜。我从城里回家时，已经很晚了，没有别的车辆，只好从站前搭乘一辆出租车。车开到我家时，根据计价器的计算，我应当付50元，但司机跟我要60元，而且语言生硬，我不同意，就为这事，我跟司机计较起来。车到我家门口不停，司机说，如果不给60元就把我再拉回去，找个地方去说理。在讨价还价的争吵中，我拿出塑料手枪吓唬他，让他把车停下来。我拿出手枪，他吓得惊慌失措，把车开到桥下沟里，车翻了，把我的腿砸伤，造成小腿骨折。我走不了路，又怕司机打我，爬到附近庄稼地里。后来公安人员来了，把我抓到，说我抢劫出租车，我没承认。公安人员一再追问：为什么买假发，为什么买塑料手枪，为什么要男扮女装，我一时答不上来。另外，当时小腿骨折，疼得要命，在这种情况下我就违心承认是抢出租车。我想，不会因为我的一时承认就判我刑。

"我对汽车历来不感兴趣，也不会驾驶。我哥哥家有一辆四轮手扶拖拉机我都不会开，更别说汽车了。不要说我是抢劫出租车，就是他把出租车白给我，我也不会开，根本弄不走。当时是夜里9点多钟，四周一片漆黑，我也找不到任何人能帮我把车开走。再说，我如果是抢出租车，抢完司机肯定报案,我就会被公安机关抓获。我说的是实话,确实不是想抢他的出租车。"

"我不会开车,村里人都知道;我爱男扮女装,村里人也都知道;出事的地点,离我家只有1公里,即使抢,我也不会在我家附近做这种丑事。那天我只是想吓唬吓唬出租车司机,跟他开个玩笑,没想到玩笑开大了,竟然引出这么大麻烦。这件事儿使我明白了,用来开玩笑的内容多得很,但违法、犯罪的事不能用来开玩笑。"

按照《刑事诉讼法》的规定,被害人陈述是证据,被告人供述和辩解也是证据。在本案中,这两个证据是主要证据,而这两个证据矛盾很大,到底应该依哪个证据来定案,这就要对这两个证据进行详细审查判断。

二审法院经过详细调查,了解到邵立才确实不会开车。一个不会驾驶汽车的人把车抢到手又怎么处理呢?这个问题应该调查明白。另外,他也确实爱男扮女装。

二审法院认为,如果认定邵立才是抢劫出租车,确实有一定理由;如果认定他与出租车司机是为了付车费而发生争吵,最终导致了这场事故的发生,也有一定道理。对这起案件,由于怎样认定都有一定道理,矛盾不能排除。二审法院认为一审判决错误,以事实不清为由,撤销原判,将本案发回重审。

出租司机遇"伪娘","抢劫"竟用玩具枪,
各执一词不相让,无奇不有笑断肠。

拳打脚踢

辽宁省黑山县胜利乡的青年农民林高翔万万没想到,自己会成为杀人犯,真是"天有不测风云,人有旦夕祸福"。

事情是这样的:这天他到黑山县的县城办事,看见商店门前有抽奖活动,就凑上去,掏出10元钱想碰碰运气。这时有个青年过来一把薅去他手中的钱,当着他的面给撕个粉碎,又把碎片摔到了他脸上。这个人叫万宝洪。

林高翔莫名其妙,问:"你怎么把我的钱给撕了呢?"万宝洪先照他头上砸一拳,然后说:"你刚才为什么瞅我!"

"我不认识你,我也没瞅你呀!"

"你还敢嘴硬,你刚才瞅我了!"他一边说一边挥拳又打。

林高翔一边招架一边说:"我在排队,也不能闭着眼睛站着,可能往周围看了看;你要不瞅我,你怎么知道我瞅你了呢?"

万宝洪什么话也不说,就是对他拳打脚踢。林高翔没还手,连连躲闪,并说:"你怎么不讲理呢?"

"我就不讲理了!你能怎样!"

"你打人犯法。"

"我就犯法了！我就要打你！"说完又继续对林高翔拳打脚踢。这个人的同伙徐峰上来助战，两人一齐打林高翔。你说，林高翔怎么能遇上这种事呢！他应该怎么办才对呢？

周围不少人，大家看这两个年轻人像流氓、恶霸、地赖子，不讲理，有人在躲闪，害怕连累自己，有的开始拨打110报警。林高翔平白无故地被打，跟打人者又讲不通道理，报案来不及，不能再摸奖了，没别的办法，赶紧跑。万宝洪与徐峰见他跑了，随后紧追。

林高翔被追上，这两人继续打他、踹他。林高翔知道对方是两个人，自己肯定打不过，走投无路，就好汉不吃眼前亏，连声求饶："我服你们了！别打了，我服了！"

万宝洪一边打一边问："你说，刚才你瞅我没？"两个人还一齐打，对他的求饶毫不理睬。林高翔别无选择，只好又跑。这两个人又追。

林高翔跑到前面，看见路旁有卖肉的，肉案子上有把剔骨尖刀，他急忙拿过来，转身向追在前面的万宝洪肩部扎了一刀。在厮打中的万宝洪没觉得疼，继续打，林高翔见他还打，就继续扎，分别扎在他的肩上、胸部。扎完第五刀，万宝洪倒地不再打了。按理说，人家不打了，林高翔应该放下刀，可是，他无端被打，怒气难消，再加上自己不懂法，分不清正当防卫与防卫过当的界限，在万宝洪已经倒地不再打的情况下，他又扎了两刀。这两刀是法律不允许的，使事情的性质发生了变化。

他总计扎了七刀，徐峰见林高翔手中有刀，见势不妙，转身就跑。万宝洪被扎，人们将其扶起往医院送，由于流血过多，在去医院的途中死亡。

林高翔用刀扎死人，出了人命，围观的群众把他送到附近派出所。围观群众证实了发生的一切，证实了死者万宝洪无故打人，惹起事端；林高翔被打束手无策，只好夺路而逃，在走投无路的危急时刻，操刀将万宝洪连扎五刀致其倒地，在万宝洪已经不再打他的情况下，他又扎两刀致其死亡。案件事实清楚，证据确凿充分，对此林高翔也供认不讳。

案件起诉到法院，林高翔及其辩护人提出的辩护意见是：林高翔无端挨打，在自身安全遭受严重侵犯的情况下，万般无奈，被逼拿刀自卫，其行为是正当防卫，不构成犯罪，请求法院宣告其无罪。

公诉人提出，《刑法》确实有正当防卫的规定，但是，对方被扎五刀，已经丧失继续侵害能力，也确实停止了侵害行为，这时林高翔照被害人的要害部位又扎两刀，致其死亡，林高翔的行为明显超过了正当防卫的限度，必须负刑事责任。

公诉人还认为：万宝洪打人不对，有错误，但有错误的人其人身安全仍然受法律保护。对案件的发生，被害人有责任、有过错，是事端的挑起者，对林高翔可以从轻处罚，但不能不认为是犯罪。

法院经过开庭审理，认定林高翔犯故意杀人罪，对其从轻判处有期徒刑10年，将其送进监狱进行劳动改造。

 正当防卫有限度，过度防卫法律难保护。

亲人犯罪

丁成立兄弟四个,他排行第四,人们都叫他丁老四。丁老四34岁,生性懒惰,没有娶妻,一直在农村务农。

伯母去世那天,他去担水劈柴,跑腿打杂。送葬后,自家人和帮忙的大家坐在一起吃最后一顿饭。吃完,把锅碗瓢盆一刷,丧事就算办完。谁能想到,就是这最后一顿饭又引起了一起丧事。

都说丁老四大脑瓜,小细脖,光能吃饭不能干活。他吃饭时,两眼紧盯着桌子上的菜盘子,瞅准了,把筷子伸过去,那筷子也好使,夹一下差不多就是半盘子。不光能吃,还能喝,一个顶俩。跟这么一个不要脸的人同桌吃饭,能把别人气坏了。首先是他大哥丁老大忍无可忍,开口了,说:"吃饭喝酒来劲儿了,干活儿装狗熊!"

"谁装狗熊!昨晚我守灵了,一夜没睡觉,你眼瞎啊!怎么不准我吃饭呢!"

两人你有来言,我有去语,先是吵嘴,随后就拳脚相加,众人给拉开。大家都指责丁老四,袒护丁老大,丁老四憋了一肚子气,把筷子一摔离席而去。人家办丧事他来帮忙,很大程度就是为了吃这顿饭,没想到这顿饭没吃好。

他回家了。他跟父母在一起生活,这时他二哥在他家里坐着呢。由于丁老四喝多了,东摇西晃,骂骂咧咧,他二哥就说:"到人家那儿帮忙,也不是去帮吃饭,看你喝成那样,真丢人,34岁了也娶不上媳妇,自己得注意点儿!"

他本来就有一肚子气没地方发泄,让二哥这么一说,火冒三丈,瞪了二哥一眼,但没敢开口。因为他知道,二哥膀大腰圆,脾气暴躁,把他惹急了就会挨揍。

由于老二在他家,丁老四在家里没敢久留,只好躲出去到街上溜达。没地方待,转了一圈又回来。大哥打他,二哥骂他,没人帮他说话,他感到被大家欺负了,很窝囊,一肚子怨气没地方发泄。他回家看见二哥躺在炕上睡着了,活像一只死猪。心想,你醒时是英雄,现在睡了,要打,你能打过我吗?他越看越来气,越想越窝囊,心想:让你上西天得了,免得你老欺负我。

当时家里没别人,他就来到厨房拿起菜刀,照二哥脑袋上"砰砰砰"三下子,脑组织被砍出来,顺着枕头淌在炕上,二哥当时就死了。丁老四头脑简单,就为这点事儿竟能杀死自己的哥哥。

丁老四也知道,把二哥砍死了,剩下那哥俩不能饶他,公安机关也会抓他,赶紧跑吧。他躲到村里多年不用的破碾米房。这房子在村口,没有门窗,无人来往,他在那儿不吃不喝待了两天。当时是夏天,不冷,但饿得受不了,他实在待不下去就转移到后山坡的玉米地里,饿了就啃青苞米,困了就在垄沟里睡觉。

他们那地方有个习惯,人死了都得送到县火葬场去火化,火化完,在那儿买个骨灰盒把骨灰装上,至于骨灰盒怎么处理,村里不管,乡里不问。有钱人把骨灰盒拿回来,装到大棺材里抬到山上土葬。要求火化的目的本来是为了丧事从简,不铺张浪费,节省木材,减少花销,但这么一弄,反而多花了火化费和购买骨灰盒的钱。丁家穷,没买木棺材,直接把丁老二的骨灰盒埋到了后山上。

丁老二被砍死的第七天,家里人上山给他"烧七",烧完下山时,丁老三要大便,就钻进苞米地,正好碰上了丁老四。丁老四七天没洗脸,除了啃青苞米以外,也没吃饭,那张小脸儿又瘦又脏。丁老三一看这副可怜相,没等老四落泪,他先哭了,说:"老四,你怎能干这种傻事儿呢!"

"别说了,后悔也没用,回去给我弄点饭来,我饿得实在受不住。"

哥俩简单唠了几句,老三就回来了,把这个情况跟家里人一说,丁老大要去揍他,大家给劝住了。事已至此,打他也没用,先给做点儿吃的,送去吧。就这样,丁老三接连给送了三天饭。总这么送也不是长久之计,丁老大和丁老三一合计,决定每人拿出2000元给老四送去,让他远走高飞,到外边打工也好,要饭也罢,死就死在外边,活着也别回来。这哥俩一起把这4000元给送去了,并告诉说:"我们也得生活,再没钱给你了,你远走高飞,永远别回家。"

拿出这4000元,对于穷困的山区农民来说,确实不容易,够多的了。丁老四拿了这笔钱能花多久呢?他乘火车,先到黑龙江，又到内蒙古，无目标地瞎跑一阵。吃的、住的，再加上路费，没用多长时间就把这些钱花光了。远离家乡，没有熟人帮助，无衣无钱，困难重重，他活不下去，实在走投无路又转回来。

一个漆黑的深夜，丁老四敲开家门。母亲看到四处流浪的儿子站在门口，蓬头垢面，像个疯子，原来一肚子怨恨立刻没了。天下只有不顾父母的子女，哪有不心疼子女的爹娘。他妈老泪直淌，说："老四，你在外边找点儿活干不行吗？可别回来。公安的三天两头来抓你，抓到就没命了。你这是杀人，杀人偿命，你犯的是死罪啊！"老母亲给他做点儿好饭、好菜，让他吃好、吃饱，又包了一些衣服，把家里所有的钱都拿出来，共计1200元全给他带上，让他再次出走。

丁老四跑到黑龙江省齐齐哈尔市，在市里和市郊流浪了20多天，沿街乞讨。钱花光了，觉得在举目无亲的环境中无法生活，就又回家乡，但这次他没有脸回家，就改变了方针，开始串亲戚。

他登门的第一家是舅舅赵富家。外甥来了，看他那个丧家之犬的穷样，舅舅没忍心把他撵走。饿了给饭吃，冷了给衣穿。怕人看见，不让他出门，就连大小便也让他便在洗脸盆里，然后替他往外端。他杀人的事时间长了，亲戚圈里都知道。他舅舅不撵，但舅妈撵他好几次。为这事，舅妈开始与舅舅吵架，甚至闹离婚，又要报案，他舅舅无奈，就给丁老四写个字条，让他拿着这封信到原台乡红砖厂找郭厂长，让他留丁老四在砖厂干活儿。郭厂长是舅舅的朋友，临走时，舅舅又给他拿500元和一卷破旧的被褥。

丁老四在砖厂干了十多天，郭厂长才知道他是个杀人犯，就特意骑摩托车来到赵富家，一是指责他不应当把一个杀人犯介绍到红砖厂，二是研究怎样安排丁老四。赵富说："他是我亲外甥，别人我也不能管。你就让他在那里干活，假装什么也不知道，至于报酬，给多给少无所谓，只要给他饭吃，让他有地方住就行。"郭厂长生了恻隐之心，真的就假装不知道，白天让丁老四和泥脱坯，晚上让他值班打更，而且不谈工钱，只供吃住。丁老四不计较，这总比四处流浪、沿街乞讨好。他在砖厂一连干了三个多月，后来公安机关知道了这才把他抓走。

丁老四被绳之以法，这理所当然。遗憾的是，他的母亲、大哥、三哥一家人被一网打尽，他的舅舅赵富，还有那个与丁老四毫不相干的红砖厂郭厂长，都被人民法院判处了刑罚，因为他们都曾资助过丁老四，均犯窝藏罪。

丁老四原来不想供出他们，无奈公安机关刨根问底，从杀人犯罪到捕获归案，共有六七个月，在这期间住在哪儿，吃什么，哪来的钱，丁老四被问得无话可说，只好如实供述。

 犯罪了应该去投案，不能再给亲友添麻烦。

瓜田纳履

辽宁省锦州市的吴贵军一家三口,女儿14岁,全家挤住在一套只有40平方米的单间里。他爱人跟他说:"房价老往上涨,如果现在不买,再过几年就更买不起了。你到房屋中介去看一看,如果有合适的二手套间,六七十平方米的,咱就买一套,把咱的房子卖了,也添不了多少钱,现在还能买得起。"

吴贵军到附近的房产中介去看了看,还真有一套二手房,是四楼65平方米的。不管是面积的大小还是楼层的高低,都称心如意。他回家把这个情况跟爱人说了,他爱人也觉得挺合适,就跟他一起来到中介,想看看这套房子。中介的人跟房主联系完了,对他俩说:"房主说,他今天没有时间,房子是空的,屋内没有东西,也没人住,两室一厅,格局结构跟一般的房子差不多,让我领你们先从外面看一看。如果能把房子的新旧程度和地理位置看中了,价钱也能接受,想看室内,等明天下午可以跟房主到室内再看。"

房主没有时间,不能过来开门,房产中介的人就领着吴贵军夫妻来到那处住宅楼下,从外边前前后后看了一遍,两人都觉得还可以。当场他们和房产中介的人决定，明天下午由房主领着，到房间内再细看。吴贵军的爱人对吴贵军说："你明天下午请个假，自己来看一看，如果房子的结构合理，咱就赶紧交定金，把这套房子买下来。时间长了，这套房子如果让别人买走，合适的房子也不好遇。"吴贵军答应了。

第二天下午，吴贵军跟领导请了假，回到家，想跟爱人一起去房产中介去看房子。可是，爱人没在家，他突然想起，爱人是让他自己今天下午去看房子的，于是，就自己往房产中介走去。

途中，他遇上了邻院的吕灵文等几个人，他们问："老吴，到哪儿去？"吴贵军稍微犹豫了一下，觉得买房子和卖房子这还是个没影的事儿，就说："出去溜达溜达。"吕灵文等几个人就拽他胳膊，说："我们去玩麻将，正好缺一个人，哪找也找不到。走吧！走吧！"不管吴贵军怎么解释，这几个人就是不放手，把他生拉硬拽地拽到了吕灵文家，然后摆上麻将桌，几个人就玩上了。

吴贵军认为，看房子也不是有固定时间的事，早一点儿或者晚一点儿也无所谓，心想玩一会儿再去也可以，怎能想到，玩起来动了输赢，就离不开麻将桌了。由于他赢了，到吃晚饭时这几个人非拽他到饭店吃饭不可，让他拿钱。他要是输了，这顿饭可以不吃，但是他赢了，躲不过。吃完饭又接着玩儿，一直玩到夜里10点钟左右，这几个人才撤了麻将桌。

吴贵军往家走，突然想起看房子的事。他犹豫起来，怎办呢？如果明天看，房主不一定有时间，再说明天以什么理由再请假？回到家，爱人如果问我看房的事，我也没法回答。他左思右想，觉得这家房子是个空房子，里面没有东西也没人住。房子在四楼，没安窗护栏，而以下三层，层层都有窗护栏，可以蹬着窗护栏上四楼，打开窗，进去看一看。想到这儿，他就朝着那处住宅走去。

他把问题想简单了。深更半夜的 10 点钟，在楼房外爬人家的护栏，准备到四楼开窗入室，这种非正常举动非偷即盗，很容易引起他人怀疑，也容易引起意外麻烦。对这些，他一点儿没想，只认为自己不去偷、不去抢，就可以毫无顾忌地这么干。

他来到这处楼房跟前，顺着一楼、二楼、三楼的铁护栏，一直爬到四楼窗下，脚踩三楼的护栏，准备打开四楼的窗户，进入室内。

他开始撬窗。窗户从里边插的，打不开，怎么弄也不行，他觉得自己不应该白来一次，更不应该白白地爬到四楼不见效果就下去。他选择了一个小扇的窗户玻璃，把它砸碎，想开窗进屋。

他怎么也没想到屋内会有人。原来，他爬错了护栏，爬到了目标房屋邻居崔宝禄家的窗外，把人家的窗玻璃砸碎了。

崔宝禄当时没睡，在吴贵军爬护栏的时候，他就听见楼外的窗护栏有声响，来到窗户跟前往外看，见下边有个人往上爬，认为一定是个窃贼。他转身来到厨房拿把菜刀，返回窗户跟前，准备给爬护栏者一点儿厉害看看。

崔宝禄从屋里往外看，看外面清清楚楚，但外边的吴贵军往里看,屋内黑咕隆咚,什么也看不清。

当吴贵军砸坏一块窗玻璃时,屋内崔宝禄手中的菜刀随后就砍到他头上。吴贵军急忙用一只手捂住头,另一只手把住窗户,害怕掉下去。崔宝禄就用菜刀朝他捂着头的手上猛砍。吴贵军被砍得头破血流,手指断了两根,就说:"我是来看房的,你得让我上去。如果不让看,我上去之后立刻就走。"崔宝禄说:"你进屋不行,你从哪儿上来的,还得从哪儿下去。"吴贵军再三解释,说自己是买房子的,白天没有时间,晚上来看房子,绝对没有别的目的。崔宝禄虽然不再砍了,但就是不让他上来,让他从原路退下去。

由于他夜爬护栏,有人看见误认为是入室行窃,早已打电话给110。崔宝禄让吴贵军从原道儿下去,吴贵军就想进屋,然后从楼梯下去。两个人在争辩时,警车已经开到楼下。此时,吴贵军由于害怕心慌,加上头部失血过多,昏了过去,从四楼的窗外一下子栽到地面上,经抢救无效死亡。法医鉴定的结论是,吴贵军系被他人用锐器砍伤头部,造成大失血昏迷,坠落致肝脏破裂,继发出血而死亡。

出了人命案,崔宝禄被抓起来。崔宝禄说,自己的行为是正当防卫,不构成犯罪。

经查:吴贵军所在单位的领导证实,当天下午,吴贵军请假回家,说是要去看一处房子,准备要买。吴贵军的爱人证实,当天下午,吴贵军应该到房产中介所去,和那里的人一起去看房子,但不知什么原因他没去,晚上就出了这种事。邻院的吕灵文证实,当天下午,吴贵军在他家和他们一起玩麻将,一直玩儿到晚上10点多钟才离去。房产中介所的人员证实,当天下午,已经和房主联系好,有人要买房去看房子,但不知什么原因买房者没来。崔宝禄则说,他们邻居有一套两居室的房子确实要卖;吴贵军在窗外爬护栏时,没带凶器和其他东西。

最后,法院没有认定吴贵军爬护栏是为了行窃。崔宝禄把吴贵军砍伤,当得知吴贵军是来看房子,并不是为了行窃后,停止了对吴贵军的砍击。但是,崔宝禄在吴贵军被砍伤的情况下,不让其进屋,不采取任何救护措施,对吴贵军有可能坠地身亡的后果持放任态度,置其死活于不顾。根据本案的具体情况,崔宝禄被认定犯了故意杀人罪,判处有期徒刑三年,缓刑三年。

瓜田不纳履,李下不正冠,
容易被怀疑,千万不能干。

扬言杀人

某年3月18日早晨，辽宁省鞍山市辖区内的台安县桓洞镇桓洞村的村民向桓洞镇派出所报案，说是在桓洞村的草垛边发现一具俯卧的男尸。

鞍山市公安局刑警支队得到这一消息后，立即派员赶到现场进行勘验和尸检，综合结论是他杀，断定凶器是羊角锤之类的铁器。在尸体上，除了后脑部受重创以外，没有其他伤痕；衣裤均无血迹；因为风大，现场找不到搏斗的痕迹。这种现象有两种可能：一是死者突然遭到袭击死于非命，另一种情况就是此地为杀人的第二现场，罪犯移尸于此。死者死亡的时间是3月17日晚上8点钟左右。由于死者的衣兜被洗劫一空，初步断定是图财害命。

为了迅速破案，刑侦人员立即开始广泛调查。有村民反映，在头一天傍晚，有一辆机动三轮车从案发地附近经过，车上坐着三个人，这辆车和人都不是本地的。刑侦人员抓住这个线索，从三轮车问题入手开始调查。

据群众反映，他们这个村没有三轮车，但在附近的台安县桑林镇有出租这种三轮车的，刑侦人员立刻赶到那里调查。

在调查中，有个出租三轮车的司机说："3月17日傍晚，有三个人来租我的车，说是到辽中县牛心坨镇。那三个人当中，有两个是年轻人，大约20岁，还有一个是中年人。这个中年人穿着蓝色衣服，戴着蓝色帽子，喝得迷迷糊糊。当时讲好了租车价款。晚上七点来钟，我开车送他们去。走到途中，车上一个青年对我说停车，他指着车上那个中年人说'他喝多了，我们把他送到他姐姐家，去去就回来，你千万别走。'说完，他给了我30元，让我在那等他们。这三个人下车后往南走，有个柴草垛挡了我的视线，我没看见他们往哪去了。过了10多分钟，那两个年轻人回来了，我把他俩送到辽中县牛心坨镇街里，他们又给了我一些租车钱。他们走后，我在辽中县牛心坨镇的街里简单修理了一下我的车。"

这个司机反映，乘坐他车的那个中年男子所穿的服装和戴的帽子，与现场发现的这具男尸的服装和帽子相同，可以断定，凶手就是那两个租三轮车的年轻人。

刑侦人员火速赶到辽中县牛心坨镇街里，在寻找那位修车人的时候，有个出租车司机说："那天晚上，有两个年轻人，都是20多岁，要乘我的车到李家屯，问我李家屯怎么走。我说，我刚从沈阳回来，太累，不想去了，我把小王叫来，那两个人坐小王的出租车走了。"

刑侦人员又找到了出租车司机小王，小王说："那天晚上，夜已经很深，我把那两人送到李家屯，是在村子里的前一趟街，不是第二家就是第三家。他俩好像不是那里的人，对那个地方也不熟悉。到那以后，那家院里有一辆车，我去的时候，那家男主人正在修车。"

刑侦人员根据小王的介绍,来到李家屯,找到了那家。那家女主人在家,她问:"你们来有啥事?"

刑侦人员说:"我们与出租车司机有点儿事。我们来打听打听,最近有谁来过你们家?"

"前天,我弟弟来过。"她说。

"你弟弟到哪儿去了?"

"他说到黑山县。"

"他什么时候走的?"

"今天上午。"

"你弟弟自己来的吗?"

"还有个姓马的朋友,他俩一起来的。"

"你弟弟叫什么名?"

"叫袁虹雨。"

"他在哪儿住?"

"在沈阳市东陵区前进乡。"

刑侦人员再详细询问时,女主人觉得这里面可能有问题,不再回答,开始一问三不知。

刑侦人员在沈阳市东陵区公安分局的协助下,来到了东陵区前进乡派出所。据那里的民警反映:"袁虹雨有个朋友叫马凡东,这两个人平素狼狈为奸,小偷小摸不断,经常参与赌博,债台高筑。"刑侦人员根据掌握的证据,决定对袁虹雨实施抓捕。突如其来的神兵天降,将睡梦中的袁虹雨抓获,根据他的交代,也同时把马凡东抓获归案。

袁虹雨被带走以后,刑侦人员询问他的妻子:"你丈夫什么时候回来的?"

"今天上午。"

"他回来给你多少钱？"

"一沓，我没数。"

"你放在哪儿？"

"放在箱子里。"

袁虹雨和马凡东被带到公安机关，刑侦人员对他们分别讯问。袁虹雨供述说："人是我和马凡东两个人杀的，就是为了抢钱。3月17日那天中午，我们跟死者是途中偶然相遇，我们骗死者去沈阳卖铁可以赚钱。我们乘车走到桓洞镇附近，先把他骗下车，拐弯后，我在他身后用羊角锤打他的脑袋，当场把他打倒。马凡东也用那把锤子打了他几下，我们把他兜里的钱抢了。"

"你们抢多少钱？"

"抢了1万元，我和马凡东分了。"对其他问题，袁虹雨不供认。

刑侦人员分析，事情没那么简单。这两个人杀人后，为什么马不停蹄地要到黑山县？从对这两个犯罪嫌疑人的搜查来看，一共搜出近4万元，这里面应该还有隐情。刑侦人员继续询问袁虹雨："你们抢存折没有？"

"没有。"

"杀人后的第二天，你去黑山县干什么？"刑侦人员不跟他兜圈子，单刀直入，直接问他。

刑侦人员怎么知道我们去黑山县？突然这样询问，袁虹雨两眼立刻露出惊恐的神色。刑侦人员告诉他："你把去黑山县的事说一说。"

一人不喝酒，两人不作案。袁虹雨认为，只要自己拒不交代，刑侦人员就无法查清案件事实。可是他忘了，跟他共同作案的还有马凡东。根据马凡东的交代，"死者叫张先登，其妻叫段霞，是黑山县城里一家超市的营业员。"

21日下午，当刑侦人员来到黑山县常兴派出所时，张先登妻子段霞不请自来。她对派出所的人说："今天上午我不在家，听说台安县公安局刑警大队的人来找我，我来打听打听，是不是我家张先登犯了啥事儿，如果是罚款的话，我张罗点儿钱给送去。"

下午3点钟左右，刑侦人员来到了一个提审室，对袁虹雨说："袁虹雨，段霞来了。"刑侦人员开门见山地告诉袁虹雨。

袁虹雨一听，就像遭遇了重型炸弹，顿时傻眼了。在派出所他看见了段霞，觉得纸里包不住火，不交代不行了，这才老老实实供认杀人的动机和原因。

刑侦人员经过审讯和了解，查清了全部案件事实。原来事情是这样的：

在几年以前，经过婚变的张先登在他人介绍下，与离异妇女段霞相识并结婚。张先登离婚时，孩子归女方，自己单身一人。他与段霞结婚后，就想跟段霞再生一个孩子，段霞不同意，两人的感情由此产生裂痕。

张先登性情残暴，一有纠纷，对段霞非打即骂，说好听的是"不过咱就离婚！"再不就是辱骂或者以言语相威胁。他一发脾气，常常对段霞说："我早晚得把你杀了！"这话几乎成了张先登的口头禅。有时还说："我连你们家一起全部杀光。"

这话是威胁还是犯罪前的犯意表露？段霞糊涂了。她回家把这话告诉父亲段文成。段文成说："遇到了这样的人，就算完！"他找不出好办法解决。

一日，张先登跟段霞又发生了口角，在互相叫骂中，张先登又说："我非得把你们全家杀光不可，我不把你们杀了，我不姓张。"

听了这话，段霞不想等着被杀，而是认为应该先发制人，先下手为强。以前，每当她产生这种念头时，父亲总是劝解。可是，张先登这个毛病不仅不改，还变本加厉。这次她父亲对女儿段霞说："这回干吧，不过要干净利落，人命关天呐！"

父女二人密谋后，由父亲段文成出面，找到了亲属马凡东，向他吐露了这件事。马凡东应允，并找来了朋友袁虹雨，袁虹雨同意当帮手。谈到佣金时，双方经过讨价还价，最后他们商量敲定：先支付1万元，事成以后再由段霞的父亲支付3万元。杀人行动在3月17日开始实施，袁虹雨和马凡东两个人把张先登从家中骗出，在酒店将其灌醉，当晚8时许在桓洞镇将其杀害。第二天，这两人就到黑山县找段文成取佣金，然后返回家中。

扬言要杀人，不一定杀人，但口出这种狂言的人，首先被杀的现象是有的，张先登被杀就是一例。

 口出狂言，必出祸端；扬言杀人，自陷危险。

不能救你

父亲眼看儿子将要失去性命,却对儿子发出了"不能救你"的无可奈何的哀叹。这是发生在辽宁省辽中县李氏父子之间的事。

李春旺家门口有一条街道,道南有一个壕岗,壕岗外是一条季节河。这河只有夏天下了大雨、暴雨才有水从这里流淌,平时是干涸的。河边的壕岗长满了灌木丛、野草。

李春旺看着这道壕岗上的野草,就想:如果把这个壕岗开垦出来,种上蔬菜、庄稼,也会有收成。他就拿着铁锹、锄头来到这里,挥汗如雨,把刨出来的草根、树根、石头捡净,开垦出一小块地,能有三四十平方米,在上面种了蔬菜。由于土壤贫瘠,蔬菜长得不好。第二年,他又改种苞米,苞米长得又矮又细,结的苞米棒小得可怜。他一连种了两年,觉得付出得多,收获得少,便放弃耕种,任其荒草成片,恢复了开垦前的面貌。

过了三四年,李春旺西院邻居李宇也看中了这片壕岗,他又进行了第二次开垦,在这里种上了一片向日葵。

李春旺跟他说:"这块地是我开垦的,你怎么给种上了呢!"李宇说:"你什么时候开垦的?这里的野草是我刨的,草根是我拣出来的,而且这些草根现在还堆在旁边,怎么能是你开垦的呢?"

"我在三年前就开垦出来了。"

"你种了两年,然后不是不种了吗?难道你不种还不允许别人种吗?"

"我今年不种,准备明年种。"

"这壕岗是你家的吗?你想不种就不种,还不允许别人种吗?"

两人争执不下,吵起来,就找村委会,让村里给处理。村里的治保主任来调解,认为这个壕岗是公共的,既然两家都曾经在这里开垦过,两家都可以经营。既然两家争起来,那么就一家一半。东边的归李春旺,西边的归李宇。尽管两家都不服气,但也都接受了这个调解结果。于是,李宇只好把东边那一半地上种的向日葵违心地铲除,只侍弄西边的这一半。

东边那一半归李春旺耕种,但李春旺并不耕种,仍然在长荒草。

过了两年,李宇见种的向日葵长得不好,就买来一些树苗,在这里栽树。他见李春旺那一半一直荒芜不种,在栽完他这一半以后,就把剩的一些树苗栽到李春旺那边。

李春旺的儿子李明阳,21岁,见到李宇往他们这边栽树,立刻跑过去,问:"你怎么把树栽到我们这边来了呢?"李宇说:"我把我们这边栽完了,剩了一些,栽到你们这边,归你们所有。"

李明阳说:"这块地明明是我们开垦的,硬是让你给赖去一半,你也太不知足了。"说完,就抢下李宇手中的铁锹,把他栽到自己家这边的树,一棵一棵全给砍了。

李宇说:"你不要,我可以挖出来,怎么给砍了呢?"

发生纠纷,各方都是站在各自的立场上看问题,都觉得自己有理。双方都不让步,后果可想而知。

李明阳认为:这块地明明是我们首先开垦的,可是李宇硬是给赖去了一半,然后还不死心,又往这边栽树,真是欺人太甚,我们决不能退让。而李宇认为:我辛辛苦苦把树栽上了,你们如果不要,我可以一棵一棵再挖出来,怎么能给砍了呢!

李宇怒气冲冲上来夺铁锹,因为铁锹是他的。李明阳就牢牢抓住不放手,两人就开始厮打。铁锹一直在李明阳手中,他举起这把铁锹,就朝李宇头上猛拍一下。李宇挨了一下,不屈不挠,顽强战斗,仍然夺铁锹,李明阳又朝他头上拍了第二下。这一下子,把李宇拍倒了。

李春旺看到这边打起来,不是息事宁人,劝解拉开,而是火上浇油,跑过来对儿子说:"他也太霸道了,把这块地赖去一半,现在还往我们这边栽树,不能让他!你给我往死里打,把他打死了我去偿命。"这个当父亲的糊涂到什么程度!

李明阳当时21岁,应该有能力辨别是非对错,可是,他对父亲这些话有令则行,真的就举起铁锹又继续打。李宇躺在地上已经不能还手,李春旺还照他头上猛踢两脚。后来村民赶到,将他们拉开。众人一看李宇被打得挺重,找来车,立刻送到乡医院抢救。终因伤势过重,抢救无效,死在医院。

案件发生后，李春旺和他儿子李明阳均被公安机关抓获。案件起诉到法院，法院经过开庭审理，认为李明阳拿着能够致人死亡的铁锹，击打被害人的要害部位——头部，连击数下，对是否能致被害人死亡持放任态度，置被害人死活于不顾，造成了被害人死亡的严重后果。而被告人李春旺，见李明阳用铁锹击打被害人头部，竟在一旁叫喊，"往死里打，打死了我去偿命"，杀人的故意明显。因此，法院认定他们父子均犯故意杀人罪，李明阳被判处死刑，李春旺被判处有期徒刑十年。

法院宣告判决后，李春旺听见儿子被判处死刑，立刻跪倒在儿子面前，说："儿啊，是我害了你，我对不起你，我没有能力救你了，我不能救你。"说着，老泪纵横，号啕大哭。

法警费了好大力气才把他拽起。他一边离开法庭，一边高声对儿子说："儿子啊，我对不起你，是我害了你，我没有能力救你了，我不能救你……"

李明阳冲动之下动手打人，李春旺身为父亲，不但不加以制止，反而教唆儿子打死对方。儿子李明阳虽然年轻却已成年，应该知道父亲在说气话，结果竟然不假思考就痛下狠手。这样糊涂而不懂法的一对父子，意气用事的结果只能是法律的制裁。

冲动起来真可怕，意气用事不懂法。
火上浇油终成恨，害儿害己毁了家。

远离人渣

在沈阳市大南边门农贸市场里,各种农副产品琳琅满目,只要你有钱,什么都可以买到。各种蔬菜、粮食、肉类、水果堆积如山;鱼虾海货,一应俱全。在水果摊床上,摆满了苹果、梨、鲜桃、葡萄……各式各样,美不胜收。

一个商贩在卖葡萄,大声叫喊:"巨峰、马奶、玫瑰香,任你买来任你尝……"

34岁的卢万年路过这里,看着那一串串的葡萄,便停住了脚步。商贩见来了顾客,马上来了精神,介绍说:"你看这巨峰葡萄粒能有多大,快有鸡蛋大了。你别看它绿,尝尝就知道了。甜就买,不甜就不买。"说着,竟然拽下一粒递过去。卢万年接过来放到嘴里,一咬,眉头紧皱,说:"太酸!"商贩的脸说变就变,笑脸没了,立刻横眉冷对,说:"什么!你说这葡萄不甜,那还能有甜的了吗?"然后就威逼卢万年让他买。

卢万年说:"你不是说甜就买,不甜就不买吗?这葡萄不甜我不能买。"

商贩说:"这本来是甜的,你怎能说不甜!你吃完了就想走,到别的摊床再吃,有那么便宜的事吗?你刚才吃了一粒，必须给1元钱，交了钱再走。"

"做买卖还能有这样霸道的吗？你不是说了不甜可以不买吗？这葡萄不甜，我不买了。"卢万年跟他辩理。

一个说甜，一个说不甜。什么是甜，什么是不甜，甜与不甜，本来就没有一个明确的界限，这是一个争论不清的问题。可是，双方都不怕乱子大，都不肯让步，两人吵了起来。卢万年也够倒霉的，遇上了人渣。

社会上的人形形色色，切记不要与人渣发生争执。

商贩说："咱们说话得讲理。你可以不买，但是你刚才吃了一粒，这一粒你必须交1元钱。"

卢万年不理他，想走，商贩一下子窜过来，拽住他，说："你不扔下钱，人就别走！"

不就是差一元钱吗！给他，免得生出麻烦事。可是，卢万年就是不给，要跟浑人讲理。

两人在市场上先是推推搡搡，随后就厮打。商贩的内弟也在那卖水果，看见这边打起来就上来助战，两人一起打。一顿拳脚把卢万年打得鼻青脸肿，头昏眼花。卢万年知道好汉不吃眼前亏，一人抵挡不过他们俩，拔腿就跑。而这个商贩，明明是自己把葡萄递给人家，人家也没说要买，人家尝了也没有必要非得跟人家要1元钱不可。人家不给，跑了，自己也不算损失多大。可是，他依然不怕乱子大，竟然随后追撵。两个商贩追撵了一程，因为身后还有水果摊床，这才不撵了，这场战斗到此结束。

卢万年鼻青眼肿地跑回家，其妻问："怎么了，跟别人打架了？"卢万年说了刚才发生的事。其妻听后不是息事宁人,而是火上浇油,说:"这也太欺负人了,不能让他们打成这样就算了事,即使我们不去再打他们,他们也必须领我们到医院去看病,为我们拿医药费。他们在哪?你不敢去我去!"这个败家老娘们儿也不怕乱子大。

她这么一挑拨,卢万年也没想一想回去会有什么后果。他知道,这个卖葡萄的商贩不会老老实实地为他拿医疗费,临去时就把自己家茶几上的一把水果刀揣在兜里,与妻子一起回到那个摊床前。

卖葡萄的商贩见卢万年又返回来了,双手叉腰,嘲笑说:"我撵你还没撵到,怎么又回来了,你是不是皮子紧,需要我给修理修理?"

听了这话,卢万年再也忍受不了,拿出水果刀就往商贩的身上捅。那商贩不可能老老实实让他捅,急忙躲闪。也许他不躲闪还好一些,一躲闪,水果刀竟然捅到他左眼上。商贩立刻用手捂住眼睛,鲜血从他的指缝间流出。虽然及时到医院救治,却没能避免左眼失明的严重后果。经法医鉴定是重伤。

法院认定卢万年犯故意伤害罪,判处其有期徒刑七年,并且附带赔偿民事诉讼被害人的全部经济损失。一粒葡萄之争就这样结束了。

一粒葡萄起纷争,遇上人渣理不明。
持刀泄愤终被惩,寻求法律途径赢。

赵洪行贿

赵同海到城里打工。他身材矮小，言语迟钝，经常被大个子打工者刘宇龙欺负。刘宇龙料想不到，被欺负急了的老实人能动刀杀人。

秋末冬初的一天中午，工地里的农民工吃完午饭在午休。还没上班，大家围在一起闲聊、开玩笑、疯闹，这时有人开始拿身材矮小的赵同海寻开心。大家把他按倒在地扒他裤子，裤带已经被解开，露出了屁股，赵同海急得两腿乱蹬，周围人哈哈大笑。

这时刘宇龙端一水舀子水在旁边喝，喝完水舀子里还剩不少，他走到赵同海跟前，把剩下的水浇到赵同海裤裆里，然后喊叫："赵同海尿裤子啦！赵同海尿裤子啦！"围观者狂笑，有的还笑出了眼泪。

赵同海哭了，流出了被人欺负之后无可奈何的泪，也是含着怒火的泪。你想想，在那初冬的天气，把半水舀子凉水倒进裤裆，下午他还得在工地干活儿，他会多么难受。

赵同海把被人欺负之后的委屈埋在心中，想打刘宇龙，明知打不过，怒火在心中燃烧。

他准备了一把匕首。七天后的一个早晨，他见刘宇龙一个人走进工地附近临时搭建的厕所，就尾随其后。后来，其他人上厕所发现身材高大的刘宇龙死在厕所里，身中五刀，而赵同海不知去向。

公安机关接到报案，很快就把赵同海列为重点怀疑对象。公安人员来到赵同海家，赵同海没回来，公安人员告诉他父亲："赵同海如果回来，让他立即到派出所去。"过了五天，赵同海回家了，他父亲把这个情况告诉给他，他就自己到派出所交代了杀害刘宇龙的犯罪经过。

法院认定赵同海犯故意杀人罪，但没认定他有自首情节，因为他到公安机关去，是公安机关让他去的，他不得不去，因此将其判处死刑。宣判后，赵同海不服，向高级人民法院提出上诉。他姐姐赵洪聘请郭律师为他辩护。

郭律师告诉赵洪说，"根据《最高人民法院关于处理自首和立功具体应用法律若干问题的解释》第一条规定，公安机关通知犯罪嫌疑人的亲友，其亲友告诉犯罪嫌疑人后，将犯罪嫌疑人送去投案的，或者犯罪嫌疑人自动投案的，属于自首。一审法院没认定赵同海自首是错误的，二审法院应该给认定，如果认定了，不判死刑是有希望的。"

赵洪认为，二审能不能改判，主审法官白斌很重要，就通过他人，了解到白斌的住址，给送去1万元，并对他说："我弟弟赵同海这个案件一审判错了，郭律师说，根据最高人民法院关于自首问题的解释，应该认定自首从轻处罚。现在案件在你手里，我们不要求你违法办案，只希望您能认真一些，查一查法律规定，如果确实属于自首，给认定并按规定对赵同海从轻处罚。我本想给你买点儿烟和酒，又怕买到假货，就给你带几个钱，你自己买吧。"说完，从兜里掏出1万元，当着白斌的面，把它放到茶几上。

白斌认为，赵同海主动到公安机关确实应该认定自首，认定了自首，改判很有可能，对赵洪送来的钱他没硬性拒绝，留下了。作为法官，他不该不清楚，留下这笔钱是错误的。要记住：在人生路上，一步走错，说不清楚会遇到哪些麻烦事！

二审时，法官白斌确实提出了应该认定自首，对赵同海改判无期徒刑的意见。但事情往往不像人们所想象的那样发展，由于被害人家属要求判处死刑的态度异常强硬，拒不接受经济赔偿。被害人的父亲还扬言："我们知道赵家花钱行贿了，如果不判赵同海死刑，我就要对赵家进行报复，我让赵家给我儿子偿命。"

案件经过审判委员会讨论，多数人认为，虽然可以认定自首，但这种自首是在公安机关已经把他确定为犯罪嫌疑人，也已经找到他家，通知了他父亲让赵同海去派出所，在这种情况下的自首，与在公安机关根本就不了解犯罪嫌疑人是谁的情况下而主动自首还是有区别的。二审法院最后决定，认定赵同海具有自首情节，但刑罚不改判。

出现了这种情况，法官白斌是完全没想到的。白斌觉得，既然赵同海的死刑判决没改，自己却收了赵洪1万元，觉得不安稳，就打电话告诉赵洪"你来一趟"，想把这1万元让她取回去。赵洪来到白斌家，白斌把法院审判委员会做出的决定跟她说了，告诉她："我为你们的案件做了不少努力，我给你一份案件审理报告看一看你就知道我是什么意见了。但不管怎么说，事情没办成，你把这1万元拿回去。"

既然人家说了，为这个案件做出不少努力，不管事情办成与没办成，这笔钱确实不好意思往回拿，赵洪就只拿回来一份案件审理报告。

赵洪回来后，把这个情况告诉给父母。她母亲说："白斌这个法官既然没有能力把这个案件给改过来，他凭什么就敢留这1万元！如果不是找他，我们找到别人，这个案件就有可能给改过来。他收下这1万元，我们没再找别人，使咱儿子仍然被判死刑，耽误了我们的大事。我们不仅要把这1万元要回来，还得把这个法官送进去，我们不是那么好骗的。"

赵同海的父亲也说："二审的郭律师是我们自己聘请的，为了请律师，我们花了许多钱，结果没起作用，这笔钱也应该由白斌承担。我们不能简单地把向他行贿的1万元要回来就算了事，必须让他加倍赔偿。他既然能收我们的1万元，也能收别人的钱。白斌这个法官手里的钱，比银行的钱都多，我们去跟他要，他如果不给，我们就找个地方跟他讲理。"

赵洪也觉得，花了1万元事情没办成，确实冤枉，但如果往回要，人家不给怎办？要想把白斌送进去，没有证据怎么办？想来想去她有了主意，并且按照她的想法再一次向法官白斌"行贿"1万元。

一天晚上，赵洪又拿着1万元来到白斌家，对他说："这件事不管办成没办成，你做出不少努力，我从案件审理报告上已经看出来了。为了向你表示感谢，我原来给你的不能往回要，今天再给你带来1万元。"白斌说什么也不要，赵洪硬给，两人厮巴了一阵之后，赵洪说："这样吧，我把这1万元带回去。你虽然不要，我们也感谢您所做的努力。"然后，两人又唠了一段别的话,赵洪趁白斌没注意,把这一捆1万扔进两个沙发的夹空间,然后才离开白斌家。赵洪没回家,直奔检察院反贪局去举报。

她说:"白斌法官承办我们的案件,不断向我们索贿,我们已经给他1万,他不满足,胃口太大,把我们逼得没办法,跟别人又借1万,给他送去。但是我们心里有气,法官依法办案是他的职责,凭什么不断跟我们要钱。我们给他送钱不对,但我们是被逼无奈的。我今天来举报,就是要求国家惩罚这些腐败的贪官。反贪局现在到他家去搜查,把他家四处都搜查一遍,包括床下沙发后,肯定能搜查出来。我今天被他勒索去的这1万元,100张100元的,每张的票号都被我复印下来了,如果今天不去搜查,到明天,他可能把这笔钱存到银行,那时就没证据了。现在去搜查,如果搜不出来,我愿意承担诬陷他人的法律责任。"赵洪说完,向接待人员递交了她向白斌行贿的1万元票号复印件和白斌给她的那份案件审理报告。

根据赵洪的举报和提供的证据,第二天一大早司法人员就到白斌家搜查。在他家两个沙发的空隙间,搜查到1万元,这1万元的票号与赵洪递交的1万元票号复印件相同。

白斌被拘留,随后被逮捕。案件起诉到法院,法院对此案进行了公开审理。最后认定白斌受贿1万元,其行为构成受贿罪,并且依照法律规定,对其判处了刑罚。但对赵洪后来往他家两张沙发空隙间扔下的那1万,由于白斌对这1万元没有受贿故意,法院没予认定是受贿。

赵洪一家原先认为,只要认定白斌犯受贿罪,给他的2

万元就会追回来，就像丢了东西，盗贼被抓到，赃物被追回返还给失主一样。但他们没有法律意识，没认识到行贿本身就是犯罪，它和丢东西不一样，用来行贿的钱追回后是要上缴国库的。

 收受贿赂违法，为掩盖违法行为，受贿人终将成为行贿人的奴隶。

心存侥幸

辽宁省大连市中级人民法院以故意杀人罪判处刘炳卿死刑,剥夺政治权利终身。宣判后刘炳卿服判。按法律规定,不能马上执行死刑,还必须经过复核程序。在复核这起案件时,我和书记员小赵到大连市公安局看守所提审了他。

在看守所我们交了提票,不一会儿看守人员就把他押来,关进提审室。刘炳卿戴着手铐、脚镣,坐在离我们不到3米远的一把椅子上。我让提审员给他摘下手铐,提审开始了。

"你叫什么名字?"

"刘炳卿。"

"你因为什么被逮捕的?"

"杀人。"

"杀谁了?"

"冷玉山。"

"杀死没有?"

"杀死了。"

我们向他说明了提审目的,交代了他享有的权利,最后我说:"我们不会打你、骂你,你要实事求是地讲,以前向公、检、法三机关讲错的,可以更正,以事实为准。"

"以前讲的都对,没错。"

"那么你就从头向我们讲一讲吧。"

书记员小赵在记录。我用双眼盯住这个"老犯",一是观察他的心态,二是注意防范,怕他突然扑过来向我们行凶。因为那个时候,看守所里的条件比现在差多了,我们面对的是即将被枪决的死刑犯,在这样小的屋子里,我们相距太近,不得不防。

刘炳卿不看我,低着头,双手揉搓着那个系在脚镣上的布绳,从头至尾讲起他杀人的全部经过。他说:

我是兴旺畜牧场的饲养员兼更夫,白天,在场里喂牲口,赶辆小车,拉土垫圈,打扫场内卫生;晚上,就睡在场内,看护畜牧场和场内牲口。咱场内有个单身汉,叫冷玉山,没父母,妻子跟他离婚了,没孩子。他原来住的破房子快倒了,不能住,经他本人要求,场领导同意,就搬到畜牧场,和我住在一个屋。这个人小心眼儿,有时因为一点儿小事就和我啰唆起来没完。大矛盾没有,小纠纷不断。8月16日这天晚上,9点多钟他才回来,看看炕上的行李就跟我横上了:"你是不是又动我行李了?"

"没动!"

"怎么没动!我放的行李有记号。上面的枕头早晨我也不是这么放的呀!"

"我没动。一个枕头,动不动还能怎的?"

"我的东西你别随便动。"

"你的事儿怎么那么多！怕动，就别在这儿住。"

"这是你家啊！你可以住，我也可以住。我的东西就是不让你动！昨天你用我肥皂洗手了，我还没说你呢！以后注意点儿，在一起住别总占人家便宜！"

"就是把那块肥皂用光了，才值几个钱？一个大老爷们儿都不如老娘们儿大方！就你这个样难怪你老婆跟你离婚。"

我说这话，他急了，骂我："你老婆没跟你离婚，把你撵出来，让你住畜牧场，她在家跟别人睡，你还不如我呢！"

我想问他，我老婆在家跟谁睡了，但考虑这会越吵越大，也吵不出个是非曲直，就不理他。跟这种人没办法，总是有矛盾，总是有纠纷，也不是为了什么大事。我曾经想过搬回家，畜牧场这活儿不干了。

那天我躺在炕上，翻来覆去睡不着，就想怎么对付他，把他制伏、制老实点儿。想了大半夜也没想出办法，他就是这么个人。最后，我就想把他杀了。这是半夜12点来钟，他睡了，我就下炕，想找东西整死他，没找到。窗台上有个啤酒瓶子，我顺手抓起来，走到他头前。他当时是侧身躺的，我就对准他的太阳穴，狠劲儿给他一下子。

"啪！"啤酒瓶子打得粉碎，我手里只剩下瓶把。他没死，醒了。可能是因为刚醒过来，不知怎么回事，没反抗，更没和我搏斗，光是坐在炕上捂着头嗷嗷叫。炕墙角有根铁钩子，有大拇指那么粗，是我们烧水掏炉子用的。我就举起来，朝他头上砸了几下。等他不出声了我才住手。我怕"打虎不成反为患"，就满屋子找绳子，想再用绳子勒他脖子，没找到。窗台上有段铁丝，一尺多长，我拿过来，往他脖子上一勒，刚好够长，我就用钳子使劲拧紧。脖子上的皮肉也和铁丝拧在一起了。我看这回他活不过来，就开始打扫现场。

先把尸体拖出屋，拽到畜牧场大门前，扔到门前的三角坑里。这个坑挺深，深的地方能有两三丈。夏天，四周往里淌雨水；冬天，上面结冰。一年四季不干。我把他扔到坑里，从大门旁扛来一根一丈多长的方形残断水泥柱压上了，叫他"永世不得翻身"。压完我才回来收拾屋子，屋里没什么痕迹。当时他盖的被单上有两滴血，我用烟头给烧成洞，血迹看不出来。我把他的被单、褥子叠一叠，放在炕梢。处理完我就开始睡觉。

第二天一大早，我来到三角坑边上看了看，水面什么也没露出来。可能是过了四五天，场长问我："冷玉山上哪去了？这两天怎么没看到他？"我说："前天早晨他背个黄书包走了，说是要出远门，找他亲戚去。"

"找他亲戚干什么？"

"我没问，不是借钱就是找工作呗。"场长和其他人以后再就没问过，大家真的以为他到亲戚家去了。从那以后，我几乎天天都看看这三角坑的水面，怕尸体露出来。

大约过半个月，尸体真的露出来了。没全露，光露一只手，能看出4个手指头，全张开，像是举手要报告似的。我推断，肯定是尸体经水浸泡后，渐渐肿胀，水泥柱虽然压住了尸体后背，但没能把四肢全压住。四肢往上浮，再加上我没扔到坑中间，那地方不是最深。我后悔当初过于马虎了。

我是上午八九点钟发现的。我想，浮上来的这只手，我能看见，别人也会看见。当时是大白天，场里场外不少人，我没办法重新压。我想等到晚上再好好压一压，但到不了晚上就会有人看见。我吓得心慌，没办法，到坑边看了好几回，都没敢下去重新压一压。后来，我想个办法，就是抢先报案以免除对我的怀疑。

我先告诉场长，说三角坑水面露出一只人手。场长去看了看，料到这是冷玉山，他没和别人说，就直接打电话告诉公安派出所了。

派出所的人来了，随后公安局也来了不少人，把尸体捞上来。冷玉山的尸体已经胀得很大，脖子上拧的那个铁丝，被肿胀的皮肤掩盖看不见了，只能看见很深一条勒缝和铁丝头。公安局找了不少人调查、了解情况。问我，我仍然说他去亲戚家，至于怎么会被扔到三角坑里我也不知道。公安人员不信，把我拘留了。我看实在瞒不过，在被拘留后的第三天讲了实话。

听了刘炳卿的供述，我问他："你怎能为这点小事就杀人呢？"

"我以为把他杀了，公安局破不了案。"

"怎么破不了？"

"杀冷玉山时，谁也没看见，我要死不承认，不就没事了。谁知，我不承认不行，不知公安局怎么搞的，咱畜牧场那么多人，村里也有不少人，单单把我拘留起来。"

"你见水面露出一只手，事情瞒不过了，为什么不去自首？"

"我认为即使知道冷玉山是被人杀了,也破不了案。我要知道能破案,别说判我死刑,就是判我几个月我也不干。"

是的,数以万计的罪犯,犯罪之前都有这种侥幸心理,认为自己犯罪不会落入法网。有几个明知犯罪会被抓起来而硬去犯罪的呢?

法网恢恢,疏而不漏。
万不可心存侥幸,知法犯法。

被人怀疑

被人怀疑，产生误解往往会招致意想不到的后果，高守平被杀就是一例。

高守平是辽宁省海城市（辽南县级市）大屯镇的普通农民，54岁。他不跟任何人发生争执，为人忠厚老实，作风正派，就连他的妻子也可以保证，高守平绝对没有生活作风问题。高守平自己也认为，我做得正，行得正，脚正不怕鞋歪，身正不怕影斜，只要我不做亏心事，就不怕鬼叫门，不怕别人说三道四。

他们村的王玉泉小心眼儿，看不惯妻子与其他男人过于靠近。高守平没注意这个问题。有一天，他们村刘家儿子结婚，村里许多人都去贺喜。高守平去了，王玉泉媳妇也去了。去的人多，屋子里、院子里站满了人，坐没地方坐，站没地方站。既然去了，就得等到吃完午饭才能回来。

无巧不成书。就在这时外面又稀稀拉拉下起了小雨，站在院子里的人就往屋里涌。屋里站满了，高守平见人家有个里屋，就伸手把门推开。里屋是个仓库，尽管很凌乱，但也有炕，还有一个木箱，炕可以坐人，木箱上也可以坐人。他觉得自己一个人躲到人家小里屋不好,看见身边王玉泉媳妇就说:"这里面还有一个屋,到那里去待一会儿,那里不挤。"

王玉泉媳妇也没多想,就跟他进去了。王玉泉媳妇坐在炕沿上,高守平坐在木箱上,这里确实比较安静,没人挤,两人就在屋里唠上了。

外屋,人满为患,外屋与里屋隔一道门,而且这门也没插,随时会有人推门而入。高守平和王玉泉媳妇两个人都认为,在这里两个人说话,不应该成为什么问题。

这时,王玉泉来找媳妇。院子里没有,屋里也没有,但他知道,他媳妇今天到这里来了,怎么找也没找到。他推开通往里屋的这道门,看见他媳妇和高守平在里边说话,立刻退了出来。心想,这两人怎么躲到这里来唠得那么亲热?他媳妇看他来了,就离开里屋,到外屋问他:"有事吗?"王玉泉面露微怒,说:"没事!"

就这么一件事,王玉泉想入非非,怒不可遏,开始对高守平耿耿于怀。他认为,高守平是在他媳妇身上打主意,这是欺负他。男子汉大丈夫可杀不可辱,这件事激起了他要报复高守平的念头。

过了不久,到了9月17日这天下午,高守平骑着自行车到自家的玉米地里去收割玉米,一直到天黑也没回来。他女婿骑自行车到地里去找,只见岳父的自行车还在,岳父却不知去向。第二天一大早,人们在离高守平玉米地不远的河沟里,发现了高守平的尸体。人们立即向公安机关报案。

刑侦人员到现场进行勘察,发现在玉米地的垄台上,有两个人并肩坐着的痕迹。在坐痕的北侧,有两个人行走的足迹，其中有死者高守平留下的。在坐痕的南侧，有两处凌乱的足迹，经过鉴定，有高守平留下的。在现场，还发现了滴落的血迹。在坐痕附近，有多支烟头，一只鞋垫。沿着血迹跟踪到地头的土坑处，发现有明显的两个人厮打的痕迹。现场留有半截镰刀把，经鉴定，确认是死者高守平的。现场还有两只线手套，一双军用布鞋，一只皮鞋。从现场的遗留物向西200米至尸体的小路上，有大量滴落的血迹。对死者尸体进行了检查：死者的头部有七处锐器、钝器击打伤，造成颅脑严重损伤，休克性死亡。死亡时间是在9月17日下午4时至6时之间。这无疑是一起凶杀案。

刑侦人员在调查中，有人反映，在9月17日下午4点30分左右，在死者的玉米地北头，有两台自行车：一台是26型蓝色的，另一台是20型蓝色的。

为了及时破案，必须确定案件的性质。杀人案件不外乎是财杀、仇杀、情杀、奸杀和激愤杀人几种。而这起案件是属于哪一种呢？刑侦人员进行了广泛调查。有群众反映，王玉泉曾经说过，他见过高守平跟他媳妇在一个小屋子里秘密交谈的情况，很气愤。

刑侦人员问王玉泉妻子，她承认说："刘家儿子结婚那天，由于屋里人太多，没地方坐，外面又下小雨，我跟高守平到里屋坐了一会儿。王玉泉看见了，十分气愤，但他决不会因为这点儿小事儿就杀人。"

王玉泉进入了刑侦人员的视线。经调查，他家有一台20型蓝色自行车，与现场发现的自行车相符；根据王玉泉的身高足长与现场发现的足迹相符；更主要的是使用警犬鉴定，他鞋内气味与现场遗留的军用布鞋的气味相一致。为了防止王玉泉闻风而逃和发生其他意外,刑侦人员果断决定:传讯王玉泉。

王玉泉被带到公安机关接受询问。开始时拒不供认,后来有许多问话他不能自圆其说,许多谎话被揭穿,最后招架不住了,才不得不说实话。

他说:那天我们村的刘家办喜事,我看见高守平跟我妻子在人家小里屋唠嗑,我就认为他这是在我妻子身上打主意,这是欺负我,我就想报复他。

9月17日下午,我睡完觉,觉得胸闷,就骑我儿子的20型蓝色自行车在公路上闲逛。走到高守平的玉米地头,看见他一个人在那收割玉米。我就把自行车放在他家地头,到玉米地里跟他并排坐在垄台上,问他跟我妻子是否有男女关系。他矢口否认,我们俩话不投机吵起来,我就趁他不备,拿他收割玉米用的镰刀朝他头上打去。他跑了,我就紧追,跑到附近不远的一个小土沟那,我用石头击中了他的头部,将他击倒。我一不做二不休,上前用石头猛砸他的头部直至把他打死。我还用镰刀把打他头部,打死后我逃离了现场。把鞋跑掉了,因为我害怕,就没顾得穿鞋,光着脚骑自行车回家了,回家后将裤子上的血迹洗净。我认为,这事发生在野地里,没人看见,没想到公安机关这么快就找到我了。

高守平被杀害,凶手王玉泉落网,就因为这么一点儿小事儿会发生人命案实在令人震惊。

脚正也怕鞋歪,身正也怕舆论坏。
做人不可小心眼,误人误己最可惜。

祸从口出

10月16日晚十点零三分,辽宁省辽阳市辖区内的灯塔市(县级市)佟二堡镇派出所走进一个人,他叫齐龙。他来报案称:在10多分钟以前,他从辽阳市办完事回家,发现妻子和儿子都不在,家中无人,但看见地上有血迹,后来发现在厨房的水缸里有他妻子刘琴和8岁儿子的尸体。公安机关接到报案后,立即派出一支刑侦队伍赶赴现场,进行勘察。

经勘查发现,方厅里的彩电有人搬动过,地上有一摊血迹;南卧室窗框上有一枚血指纹;死者刘琴被头朝下倒栽葱式插进水缸,两腿露在缸沿外,而他们的儿子被压在水缸里最底下。经过法医检验,发现刘琴的头部被钝器击打九处,致颅内出血死亡,而小孩子的头部被钝器击打一处,造成颅脑凹陷性骨折,在水缸里窒息死亡。很显然,这是一起他杀刑事案件。

根据现场遗留的足迹可以认定,凶手的年龄在20至40岁之间,身高在1.72米以上。作案时间在当天晚上的五点半至九点半之间。

刘琴除了手上和耳朵上戴的金戒指、金耳环各少一枚以外，金项链仍然在脖子上，屋内的物品一样没少，甚至没有翻动过的痕迹。凶手为什么要杀人？为什么连一个小孩子也不放过？

从屋内的物品没丢失、被害人刘琴脖子上的项链仍然存在可以分析出，本案不是财杀。刑侦人员经过走访，据当地群众和齐龙与刘琴夫妻所在单位的人们反映，他们夫妻待人和气，从来不与社会上或者其他人发生过大的矛盾，因此可以排除仇杀。据此，公安人员在情杀方面集中侦破力量。

据群众反映，齐龙是单位里的业务员，经常外出，并且与辽阳市的几个女人打得火热。从现象上看，情杀的可能是存在的。这里包括这样几种情况：一是齐龙背着妻子，在背地里寻花问柳，妻子发现后与之争吵，齐龙动了肝火，因而杀害其妻，这种可能不是绝对没有。另一种可能是，齐龙喜新厌旧，与某女人混得难分难解，双方合谋杀了刘琴及其子。于是，侦查力量向齐龙身上集中。

关于作案时间，齐龙说，在10月16日那天，他与本单位的于某去辽阳市办事，晚上8点40分跟他一起乘坐出租车往家走，9点40分左右到了佟二堡镇，然后到自行车存车处取了自行车回家。他到家后，发现妻子和孩子都不在，随后就发现他俩被害……

刑侦人员又去问于某，于某说："那天晚上，我跟齐龙是在晚上7点40分跟他一起乘坐出租车往家走，8点40分左右到了佟二堡镇，我到家后，还往鞍山市打了一次长途电话。"侦查人员调查了于某在那天晚上8点57分确实打过一次长途电话。由此分析，齐龙也应该在晚上8点50分左右回到家中。

那么,齐龙为什么要把时间往后说了一小时?侦查人员在反复询问齐龙的时候,也把他的亲属找来规劝,让他说实话。齐龙发现,刑侦人员已经怀疑到他是作案凶手,这才说出实情。

原来,那天晚上8点多钟,他和于某回到佟二堡镇时,巧遇十多年以前的一个旧相识,即佟二堡镇附近的一个女子朱华。朱华已经出嫁,这天是她回到娘家。齐龙见朱华魅力不减当年,喜出望外,就热情地与她交谈,有意勾引她的偷情欲火。朱华明白其意,说:"我一个人往娘家走,道上无人。"齐龙大喜,心领神会,急忙跑到自行车存车处,取了自行车快速追上她,两个人没走多远就一起下了大路走进野地里,齐龙达到了目的。

这话是真是假?刑侦人员又去找朱华,朱华也证实了这个基本情况。齐龙回家时晚了一小时,其原因就在这里。这时,技术鉴定证明:齐龙的指纹与凶手留在现场的指纹不相符。因此,齐龙作案的可能被排除。

侦破方向制定错了,使侦破工作走向歧途,耽误了侦破时间,但侦破人员毫不气馁,坐下来重新分析案情。比如,被害人刘琴脖子上的金项链为什么没被抢走?室内不仅没丢东西,而且也没有翻动的痕迹,彩电被搬动过,为什么又没拿走?他们经过分析认定:此案可能是抢劫杀人,或者是一时的气愤杀人,凶手很可能与被害人很熟悉。但是,佟二堡镇的人口数以万计,熟悉齐龙和刘琴的人太多,而且佟二堡镇是全国闻名的皮夹克加工地、销售地,这里购销人员人来人往，出出进进，头绪众多，从何处查起呢？

刑侦人员没被困难吓倒，他们深入调查、走访。据群众反映，刘琴有个堂弟叫刘兴，在佟二堡镇附近住，22岁，身高1.75米以上。这个人既不做工，又不种地，游手好闲，经常到他堂姐刘琴家来串门，熟悉刘琴家的情况，此人最近一段时间行为反常。有一次他办理证件时，竟然花500元求人代替他摁手印，这个情况引起了刑侦人员的注意。刑侦人员四次来到他家，都被他躲过。经过进一步调查，发现在现场留下的足迹和窗框上留下的指纹，是他所留。刑侦人员又获取了一些证据，遂将其抓获。在证据面前，刘兴不得不交代了犯罪事实。

原来，刘兴准备在元旦前后结婚，急需用钱，就打算向堂姐刘琴借。10月16日这天晚上，他在家修理完自行车，顺手把一把扳手揣进裤兜。8点多钟，他来到刘琴家，闲唠几句之后便提出借钱。刘琴知道他一向不务正业，表现不好，借给他钱将会有借无还，不愿借。

刘琴说话欠思考。一般人不想把钱外借，或者不能答应人的要求，都会编造谎言，进行搪塞，婉言拒绝，但她不。她可能是认为刘兴年纪小，没把他放在眼里，又认为他平时行为不端，就不尊重他，认为他借钱不一定是为了结婚，也可能是为了吃喝嫖赌，就直言对他说："我没有钱。你要想借，可以到别人家去借。我知道，凡是了解你的人，都不能把钱借给你。你一天到晚不务正业，不劳动，不知道挣钱，今天把钱借给你，你什么时候还？一个男人不知道挣钱，只知道吃喝嫖赌，再不就是到处行骗，能有姑娘嫁给你，这个姑娘就够缺心眼儿了……"

既然不想把钱借给他,人家已经很不高兴了,再用这样的话刺激人家,人家能接受得了吗?刘琴完全不考虑这些。

刘兴供述说:"我这天根本没想去杀人,只是听了这些话,实在控制不住心中的怒气,就从裤兜里掏出我修自行车时用的那把扳手,使劲往她头上砸。她上前挠我,我就继续往她头上砸。她被砸倒在地不动了,我看她可能要死,觉得即使她活过来我的处境也不会好,就把她砸死得了。这时她小儿子哭叫不止,我砸他妈,他看见了,而且这个孩子已经挺大,能说话,将来公安机关来调查,他就会说出是我打的。为了杀人灭口,我就拿起手中的扳手往他头上砸。我怕血溅到我身上,就把他抱起来,扔进厨房水缸里。我回屋,看见我堂姐刘琴躺在地上,她手上的金戒指吸引了我,我就摘下这个金戒指和一个耳朵上的耳环,然后把她抱起来,倒栽葱式插进水缸。我想从她家拿点东西走,搬动了一下彩电,这彩电又大又沉,没法搬,我转到她家屋里,从窗户逃走了。"

这起案件尽管由于刚开始时侦破方向不正确,走了弯路,耽误了一些时间,但依靠群众,最终在发案后的第69天将刘兴抓获,他终究没有逃脱法律的严厉制裁。

狠话不用多,一句就惹祸。

过头玩笑

大连市旅顺口区的青年农民刘业，26岁，没心没肺，嘻嘻哈哈，爱疯闹，爱说笑，开玩笑无度，别人也因此常跟他开玩笑。

有一天，他和本村的徐波等几个年轻小伙子在一起喝酒。酒盅一端，酒话不断。他首先向徐波发起攻势，说："徐波啊，听说你老婆下崽了，下的是公还是母？"说完嘻嘻一笑。

徐波妻子生个女孩儿，但他看刘业没正经，而且有嘲笑他的意思，就狠狠回答他一句："跟你妈一样！"

满桌哄堂大笑，刘业面红耳赤，无言以对。他败北不甘心，又撩闲，说徐波怕老婆，还讲个小故事来证明。他说：有一天他到徐波家闲坐，徐波让老婆给拿烟，又怕老婆不听使唤，就管媳妇叫妈，说："妈，把箱盖上的烟递给我。"他老婆这才把烟递给他。刘业说完还站起来质问徐波："你说！有这事儿没有？你说实话，这是真的还是我瞎编的！"看刘业那表情活灵活现，像真的，其他几个人被弄蒙了。

徐波解释说："我是让我妈给拿，还没等我妈伸手，我媳妇想表现好一点儿,抢先给递过来了。"

"不对!那天你妈根本没在家!"刘业边说边笑,其他几个也跟着说:"对!对!那天你妈没在家,小妈在家。"

刘业说:"徐波管媳妇叫妈,不知自己是谁生的,罚一杯!"

"对!对!这杯非喝不可!"众人跟着刘业瞎起哄。徐波一人难辩众口,觉得被耍笑了,就离开座席,跟刘业动起手来。刘业身材矮小,没力气,不是徐波对手,光喊"君子动口不动手",但没几个回合,右胳膊就被拧到身后。徐波用另一只大手摁住他的脖子,一边使劲往下压,一边大声喝问:"你老实不老实,还敢不敢胡说了?还敢不敢撩闲了?"

刘业被摁得喘不过来气,连说:"不敢了,不敢了。"

"你说,你是谁儿子?"

刘业被摁得抬不起头,直不起腰,只好说:"我是我爸儿子。"

"你爸是谁儿子?"

"是我爷儿子。"

"你爷是谁儿子?"徐波问起来没完。刘业急眼了,急不择言地吼起来:"我爷是你儿子!"

"这就对了!你爷是我儿子。"徐波得意地笑了,总算出了一口气,其他人笑出了泪。刘业挣脱开,一边甩着被拧疼的胳膊,一边斜眼瞪徐波。

这次喝酒,刘业感到被徐波当众羞辱两次。他认为,如果自己有地位,是个头儿,你敢吗?他想打徐波,打不过,想骂,骂不过。他不想老老实实忍受。玩笑过了头,容易结冤仇。他开始寻机报复。

过了十多天，刘业和另几个人又围着一张小桌儿饮酒。其间，大家谈论三里五村谁家最有钱。刘业一看机会来了，就想报复徐波，说："徐波最有钱。这小子倒弄海参，发了，手头最少有50万。家里一个媳妇、一个刚出生的孩子，徐波晚上经常在外面打麻将，要是组织几个人到他家去抢，就像拿自己的一样，准成！即使徐波在家，拿把刀去，他也得老老实实的。"刘业真是够坏的。

同桌吃饭的有四五个，有个叫刘玉凯的动了心，如梦初醒。对呀！应该组织几个人去抢。他和徐波相识，又沾点亲，觉得如果去抢，怕被认出来，就从大连市内找三个铁哥儿们，让他们干，他给引路，约定抢到以后，所得财产四人平分。这三人一个叫宋永利，一个叫王玉红，还有一个叫张光。张光会开车。他们经过几次预谋，最后在11月24日这天开始动手。

张光租来一辆客货两用的"半截美"，开车到徐波家去抢。刘玉凯跟车引路，没下车，车停在徐波家大门外不远的地方，他守车，另三个进了屋。当时徐波没在家，屋里有个26岁的小媳妇，还有一个刚出生尚不会翻身的小女孩儿。这三人进屋当然没费吹灰之力，详情不必细表。再说车上的刘玉凯，自从他们进了屋心里就开始紧张：怕出事、怕屋内反抗打起来，怕出现伤亡情况。过了十多分钟，张光一人慌里慌张地跑出来，把车开到紧对徐波家大门口，又进屋了，随后就跟宋永利、王玉红他们一起从徐波家往车上搬干海参，一共搬出23箱，还抢了人家现金1300元、一台录放机、一件黑皮夹克，然后开车扬长而去。

他们离开徐波家时，是夜里 11 点 45 分。公安派出所接到报案电话是 11 点 52 分，只过了 7 分钟。因为这伙人开车上道以后不知去向，公安人员当晚没抓到他们。

23 箱干海参数量不小，能值 20 多万元。为了让海参变成钱，只有一条道儿，这就是销赃。公安人员知道，这伙人抢去这么多海参，如果销不出去，放在家里不能当饭吃，不能当衣穿，就让徐波领着到市场上去转悠。徐波是个加工海参的专业户，认识自己加工的海参，很容易就找到了出卖他海参的人。随后，公安人员顺藤摸瓜，一步一步查找海参的来源。最后，这伙抢劫徐波海参的人统统被抓进了看守所。

破案后，这伙人积极退赃、赔款，徐波没受多少损失。大连市中级人民法院以抢劫罪，分别判处了他们应得的刑罚，鼓动这次抢劫的刘业当然也没能幸免。

   玩笑过了头，容易结冤仇。

有点糊涂

辽宁省凌源市（辽西县级市）北街的杨富志是个失职的父亲。他儿子被辽宁省凌源市人民法院判处了刑罚，押进监狱，就是他造成的。

事情是这样的：有一天，他跟邻居黄涛因为鸡毛蒜皮的琐事发生口角，双方互不让步，争吵加剧，随后两人就动起手脚，厮打起来。围观者给拉开，事情也就过去了，而且在厮打中，杨富志也没吃亏。可是，他为了跟邻居斗气，回家对22岁的儿子杨大卿说："黄涛这个人太不讲理，就得收拾他。你要是我儿子，就去把他揍一顿，咱不能受他欺负。"

打人犯法，让儿子去做犯法的事，这是父母应该干的吗？他儿子倒真听话，立刻跑出屋，跟黄涛又接着打第二仗。

黄涛说："事情已经过去了，你们老杨家怎么还没完了！"杨大卿说："我要让你知道，我们老杨家不是好欺负的。"两人没怎么争辩，很快就扭打在一起。杨大卿伸手一拳打在黄涛鼻梁上，打得他鼻孔流血（事后经法医鉴定，黄涛鼻骨骨折）。对方已经满脸是血，杨大卿占了便宜，他仍然不依不饶，继续打。周围人没有袖手旁观，上来拉架。人们把黄涛推走，也把杨大卿拽开。这时，杨富志在旁边对儿子又说："你真完蛋。"其意思是说，难道被人拉开就不收拾对方了吗？

既然已经被人拉开，最好就此罢手，这个当父亲的此时说这样的话，真是有点儿糊涂。

他儿子心领神会，知道父亲认为对黄涛打得还不够狠，他见不远处有一块红砖，捡起来，转回身，恶狼扑食一般冲向已经被推走的黄涛。邻居赵长兵看见了，急忙跑过来挡住。可是，杨大卿手中的砖头已经砸下来，正砸在赵长兵的头上。杨大卿用力过猛，赵长兵被狠狠砸了一砖头，一下子坐在地上不能起来。人们找来车，把赵长兵送到医院抢救。赵长兵由于颅内淤血太多，压迫神经，使其呼吸受阻，经抢救无效死亡。

黄涛被打伤，拉架的赵长兵被打死，杨富志这才知道后果严重。杨大卿虽然不是故意要打死赵长兵，但毕竟出现了这样的严重后果，司法机关不能不处理。杨大卿畏罪潜逃，来到省城沈阳，认为在那里可以找一份工作，躲避法律追究。

没过多长时间，沈阳市公安局在全市展开清查外地来沈犯罪人员时，杨大卿被查获，并交由凌源市公安局押解回原籍。法院经开庭审理，认定杨大卿犯故意伤害罪，判处有期徒刑15年，并刑事附带民事判决赔偿被害人赵长兵和黄涛的经济损失。

杨富志看到儿子进了监狱，后悔莫及，说："我这个人有点儿糊涂。"

 会教育的是爱，不会教育的是害。

被骗之后

吉林省舒兰县新安乡的青年农民金庆洙、金庆哲兄弟二人来到沈阳,要在这里打工,想通过自己的劳动挣几个血汗钱,回家孝敬父母。

到沈阳后,临时住在沈阳市铁西区的亲戚家,然后开始找活儿干。一日,弟弟金庆哲看见电线杆子上贴了一张粉红色的"小广告"。上边一排大字是,"要发财,请到本厂来",下边便是具体内容,"本厂急寻加工户,定做工艺品,每个工艺品付加工费0.8元,每天按8小时计算,可生产100个。有识之士请拨打电话联系",接下来便写明了具体的联系电话。在那个年代,一天挣80元也算可以了。

金氏兄弟按照电话提供的厂址,找到这个工艺厂。厂长自称姓高,热情接待了他们,并拿出一些工艺样品对他们说,这些工艺品是出口换外汇的,做多少就收多少,国外大量收购。

金氏兄弟看了工艺样品,觉得工艺并不复杂,加工生产只是手工操作,不需任何设备,没有生产资金也行,就决定要干。

高厂长说:"咱这是工厂,是为外国人生产的,既然你们要干，就得干到底，不能今天干，明天不干。"

"不能，我们能干到底。"

"空口无凭不行，得签合同。"

"可以。"

高厂长很严肃，说："合同受法律保护，中途不干了要承担经济赔偿责任。凡是跟我们签合同，必须先交850元定金。如果中途不干了，这笔定金不返还。"

金庆哲说："如果你们不干了，不收我们的工艺品怎么办？"

"加倍退还定金，退给你们1700元。你们交货，经过验收合格，我们一手接货，一手付款，决不赖账。只要你们交两批货以后，质量合格，合作关系形成了，我们收的这850元分文不少再返给你们。"

"这些都得写到合同中。"

"那当然。"

金氏兄弟回到亲戚家，又仔细考虑了一番，他们的亲戚也帮助参谋，最后还是决定要干。可是这850元定金凑不上来，金氏兄弟只好跟亲戚借。

他们的亲戚把这850元交给他哥俩时说："我们不是心疼这钱，可千万别让人给骗了。现在打工、做生意，最怕被骗，不得不防。"

金庆哲说："我们也不是傻子，怎那么容易被骗，慎重点儿就是了。"

第二天，这哥俩就拿着850元来找高厂长签合同。金庆哲说："这钱是跟我亲戚借的，可别骗我们。"

坐在办公桌前的高厂长一听这话，一下子站起来，如受奇耻大辱，说："这叫什么话！我们这是工厂，不是马路边上摆摊的。摆摊的骗完拔腿跑了，你上哪儿去找！我们工厂能跑吗？我们有厂房，你们拿出的这850元在我们这个厂里，是九牛一毛，海水一瓢，不值一骗，骗你们这850元还怕败坏我们厂的名声。你们要怕被骗就别干了！"

金氏兄弟被将了一军，哪能不干呢！找工作那么容易吗？他俩乖乖地交出850元定金，顺溜溜地签了合同，然后拿着高厂长提供的5件样品回来了。

这哥俩回来后，立刻组织了几个人，照着样品精心细做，很快就赶制出一批。他俩马上向工艺厂送货，以便及时获取加工费。不料经厂方验收，所有工艺品没一件合格的，厂方拒收，当然加工费也就分文没得。

金氏兄弟失败了不甘心，这一回他们又请了几个心灵手巧的妇女，请她们帮助加工，加工一批以后又送货。他们先后被拒收三次，理由只有一个：质量不合格。第四次，金氏兄弟只送10个，其中有5个是高厂长提供的样品。这次仍然被拒收，理由还是件件都不合格。

金庆哲跟高厂长吵起来："我们不干了。"

"不干就不干呗，你们不干了，别人干。"

"把我们的850元退回来。"

"你看看合同是怎么写的？"

"你骗我们钱！"

"你们加工的工艺品不合格，我们不能收。这些工艺品是要出口的，把不合格的产品运到国外，会造成不好的国际影响,你懂吗?"

"这其中有5件是你们提供的样品,样品都不合格,你们验收的标准是什么?"

高厂长说:"你说这里有我们的样品,谁能证明?你们是不是在别的地方又找到活儿了,不想干了,就跑到这里来耍无赖?"

高厂长说完,拂袖而去,再就不见面了。金氏兄弟跟厂里的其他闲杂人员仍在讲理,但那些人就像看热闹的旁观者,只是笑,不言语。金氏兄弟讲得口干舌燥毫无效果,只好垂头丧气地回到亲戚家。

活儿没干成,折腾了十多天,还赔进850元。金氏兄弟想不通,就组织亲戚家的几个人再次去找高厂长索要所谓的定金。

他们来到厂长办公室,没敲门就长驱直入。高厂长坐在办公桌前写什么,抬头见他们进来,没予理睬,又低头继续写。

金庆哲说:"高厂长,你把骗我们的850元退给我们。"

高厂长说:"我现在忙,没工夫理你们。"说完又要低头写。金庆哲上去一把薅下他手中的笔,随后就跟他打起来。金庆哲这伙儿来了五个人,金氏兄弟在打高厂长时,另三个都没动手,只是站脚助威。金氏兄弟趁屋里没有工艺厂的人,就用武力把高厂长好一顿教训。一边教训,一边跟他要钱。偏偏遇上这个贪财如命的高厂长,他舍命不舍财,宁可挨打也不答应退钱。他被噼里啪啦地打了一顿之后,这才想起喊"救命"。厂里来了几个人,金庆哲临走时,掏出随身携带的一把刀，照高厂长的胸部、腹部连捅数下，又抢走了他的一部价值1200余元的手机。高厂长被扎，人们都忙于安排车辆去抢救，金氏兄弟他们乘机逃出了工艺厂大门。

高厂长因为左肺被刺伤，锁骨下的动脉被刺破，在送往医院途中死亡。

金氏兄弟不知发生这样的后果，当然也没去自首，只是感到把高厂长揍了一顿，出了气，抢个手机可以顶上一些损失，心境略有平静。这是上午10点左右发生的事，过了三小时，金氏兄弟回到亲戚家吃过午饭，公安人员就赶来给他俩戴上手铐，把他俩推上警车。

沈阳市中级人民法院经过开庭审理查明：这个工艺厂没有营业执照，也没有加工工艺品出口的经营项目，这位自称姓高的厂长也不姓高。法院鉴于被害人有过错，对金氏兄弟从轻处罚。认定金庆哲犯故意杀人罪和抢劫罪，两罪并罚，决定执行无期徒刑，剥夺政治权利终身，罚金1000元，并按规定赔偿被害人经济损失；认定金庆洙犯抢劫罪，也判处了刑罚和罚金。

 被骗之后别蛮干，要维权，需用法律手段。

感谢法官

我曾经被辽宁省高级人民法院派到沈阳市铁西区法院去体验基层法院审判工作,在那里担任审判员。沈成民故意伤害案,就是我在这个时期主审的。宣判那天,他被判刑了,却深深向我鞠躬敬礼,说:"感谢张法官!"我知道他是发自内心的。

他被判刑了,为什么还要向主审法官鞠躬敬礼,连声感谢呢?读者如有兴趣,我把这起案件从头说来。

法院开庭那天,在法庭上,公诉人宣读起诉书,指控在发案那天晚上11时许,他骑自行车用后货架载着妹妹,行至沈阳市铁西区食品厂西墙外时,与迎面走来的被害人袁永志、李庆二人相遇。双方因为躲让不当,发生口角。在口角中,沈成民用随身携带的水果刀,将被害人袁永志、李庆刺成重伤。

沈成民辩解说:起诉书指控的不是事实。我刑满释放不想犯罪,决心当一个守法公民。那天晚上,我用自行车载着妹妹到我姨家,往回走时已经11点钟了。我们骑自行车走到食品厂西墙外,迎面来了两个人。我们都是右侧通行,不会发生躲让不当问题。我们相遇后,这两个人从马路的左侧特意走过来,拦住我的自行车,说:"你停下来,把你身后的小妹妹让我们玩一玩。"

我告诉他们:"这是我妹妹,我们从我姨家回来,想回家。"

其中一个高个子说:"别胡说,这么晚了,你玩完了,也该轮到我们了。"说着就动手拽我妹妹。我不让,我们就发生了撕扯。他俩一起打我,我实在没有办法,躲也躲不了,跑又不能跑,我不可能把我妹妹扔下不管,我实在被逼无奈才掏出水果刀,照这个高个子的肚子捅一刀。当时是夏季,穿的衣服少,他挨一刀说:"不好,他带刀了,快跑!"我朝他捅了第二刀后,看见那个矮个子跑了。我对他们深夜拦路的行为十分气愤,对那个小个子说:"你跑不了。"我随后追去,追了能有200多米,在一个胡同口追上了,照他后腰连捅两刀,他趴倒在地,不跑了,我就回来了。

我妹妹站在自行车旁,那个高个子跑哪去了不知道。我用刀扎人这是正当防卫,不是犯罪。

对于他的辩解,公诉人说:"被告人是无理狡辩,经查没人证实。"

沈成民说:"当时是夜里11点钟左右,夜深人静,路上没有行人,这条马路也比较宽,不会发生躲让不当问题。另外,我骑自行车载着我妹妹,我不会无缘无故地用刀扎这两个人。当时,在路旁大树下有个穿白汗衫的老头儿看见了,他能证实。"

我问他:"这位老人叫什么名字?"

"不知道。"

"他身材能有多高?"

"不知道,他当时在一个小板凳上坐的。"

"他在哪儿住?"

"不知道。"

"他是哪个单位的?"

"不知道。"

公诉人说:"对被告人沈成民这个辩解,我们曾经派人调查过,没找到他所说的路边乘凉的这位老人,没人能证明他说的是事实。对这种一问三不知,又没有证据支持的辩解我们没采纳。"

听了沈成民这种一问三不知的辩解,我倒觉得,对这个问题应该查清楚。因为对发案的原因,如果被害人有过错,应当适当减轻对被告人的刑罚。被告人对路边这个乘凉老人"一问三不知",这倒说明,他说的可能是事实。于是在法庭上,我们合议庭三个人简单沟通一下,我宣布休庭,待法庭调查后再继续开庭审理。

休庭后,我带领书记员,一人骑一辆自行车,到发案现场去调查。发案现场十分冷清,即使在白天,车辆行人也很少,附近住宅也不多。

我和书记员在附近转了一会儿,来到附近的化工厂西门。我们到这里打听,夏天的夜晚,是否有一个穿白汗衫的老头儿到这附近的大树下乘凉。化工厂西门的门卫告诉我们:"有一天晚上突降大雨,在附近一个乘凉的老头儿到我们这里来避雨。由于雨下个不停,他在这里就坐了一会儿。在闲唠中,他说他是沈阳桥梁厂退休工人,曾经参加过抗美援朝。至于还唠什么了,由于时间长了,记不清。"

这个信息很宝贵,我们立刻赶到沈阳市铁西区的桥梁厂人事科,说明来意,让他们帮助我们查找这个乘凉的老人。人事科的人说:"我们这个厂有20多个老工人参加过抗美援朝,大部分已经退休了。"

我们觉得,晚上到化工厂西门前的大树下乘凉,这个人应该在那附近住。桥梁厂人事科的人向我们介绍了有五位老工人的住处离那儿不远。在桥梁厂人事科和保卫科的帮助下,我们终于找到了那天晚上在路旁大树下乘凉的那位穿白汗衫的老头儿,他叫曹宝林。我们到他家说明来意,他说:"夏天的晚饭后,我常常出去溜达,也常常带个小板凳在路边的大树下乘凉。晚上虽然没有太阳,但白天有时在大树下坐着,习惯了,晚上也到大树下坐着。那天发生的事我亲眼所见。被扎的那两个小子太可恨,该扎。事情完全是由那两个人挑起的。法院如果允许,开庭那天我愿意到庭上作证。"接着,他详细向我们介绍了那天晚上发生的事情。他的讲述与被告人沈成民在法庭上的辩解基本相同。于是我们通知了他,法院开庭的时间和地点,邀请他出庭作证。我们也通知了两名被害人,希望他俩出庭。但开庭那天,两个被害人没去。

法院再次开庭时,证人曹宝林在法庭上说明了发案的时间、地点、经过等详细情节,为法院彻底查清案情起到很大作用。由于他的出庭作证,公诉人对案件的发生经过有了了解,并建议法院从轻判处。

在法庭上,沈成民辩解说:"我是正当防卫,不构成犯罪。我也不想犯罪。我拿刀扎人是被逼的。"

庭审后，合议庭评议时，对他的辩解进行了深入讨论。大家认为，对这起案件的发生，被害人有责任。但是，两名被害人当时是赤手空拳，在这种情况下，用刀伤害他俩显然不当。对大个子的被害人腹部捅了一刀以后，人家已经停止了侵害，在这种情况下又捅第二刀。被害人李庆知道他带刀了，不仅停止侵害，还逃离现场，沈成民持刀追撵200多米，将其追上刺伤，这不是正当防卫，是故意伤害。鉴于两名被害人对发案原因有明显过错，因此，对被告人沈成民应该从轻处罚。

法庭宣判时，判决书对发案的原因进行了客观表述，沈成民没有异议。法院根据被害人有过错，对沈成民从轻处罚，这才使他被判处了刑罚之后仍然感谢法官，并且当场表示服判，不上诉。

宣判后，我们对沈成民进行了法制观念教育，对他说："你刑满释放后，不想再犯罪这是对的。但不能光想不犯罪，重要的是应该想一想怎样才能不犯罪。你如果能注重学习法律，懂得什么是正当防卫，也许就不会犯罪。另外，夜间行走应该尽量避免偏僻之处，以防发生不测。"

夜半伤人有苦衷，法官出马寻证人。
防卫过当也犯罪，法律面前不容情。

车船相撞

辽宁省大连市旅顺口区法院审理了一起车船相撞确定如何赔偿的案件。车船相撞,有这种可能吗?船在水里,车在陆上,怎能相撞!事情是这样的:

6月27日那天上午,王志善像往常一样,驾驶一辆蓝色130货车来到大连市旅顺口区的一处海滩向渔民们收购水产品。因为收购需要时间,他怕有人碰他的车,特意选择一处岸边没有车、海里没有船的地方把车停下来,然后就沿着海滩去找渔船。

他走后不长时间,吕永宽驾驶一艘渔船从海洋深处驶向岸边。他捕到不少鱼,老远就看见海边有一辆汽车,知道这是来收购水产品的。为了贩卖水产品方便,就把船开到距离这辆汽车不远的地方停下了,抛了锚,上了岸。吕永宽见车里没人,附近也不见人影,就到远处寻找收购水产品的人。

吕永宽的渔船离岸边还有一段距离,他下船后蹚水上了岸边。船在水里,车在岸上,二者中间还有一段距离,你说谁能想到二者会相撞。

他下船走后,海水涨潮,他的船虽然抛了锚,但由于锚链较长，他的船在海水作用下，向岸边涌动。随着潮水不断上涨，他的船头不断向岸边靠近。海浪一层一层打来，这船就一晃一晃地不断向前涌动。海水持续涨潮，船头终于撞到了汽车前面的保险杠。一下两下三下……船头撞汽车的声响虽然不能说震耳欲聋，也是咔咔有声。

有人发现了，把这情况告诉给车主王志善。王志善跑来一看，汽车前面的保险杠被撞脱落，而且这艘渔船还仍然在不停地撞击他的汽车。他喊来船主吕永宽，跟他论理："你怎么把船开到我汽车跟前儿来了呢？"

吕永宽说："你不好把汽车离海边远一点停放吗？怎么把汽车开到海里来了呢？"他俩都说自己没错，都认为是对方停错了位子。

车主王志善说："是我先把车停在这里的，你不应该把船停在我车附近。"

船主吕永宽说："海里是停船的地方，不是停车的地方，你这汽车不应该停到水里。你看，你汽车的前轮已经碰到水了！你的汽车应该离海远一点儿。出现这种情况，是因为你的汽车停的地方离海水太近。"你说他是强词夺理、毫无道理吧，也未必。

公说公有理，婆说婆有理，都是为自己。因为他们知道，车船相撞造成了损失，如果自己软下来，承认自己有错误，就要赔偿对方的损失。渔船还好，因为渔船龙骨的前边包了一层厚厚的铁皮，虽然撞出一些痕迹，但并无大碍，而汽车可就惨了，不仅前边的保险杠被撞掉，前脸也被撞瘪，造成了损失。

车主王志善说:"今天就凭你这态度,你非得赔偿我的损失不可。"

船主吕永宽说:"那可不是你叫我赔我就得赔,你得讲出让我赔的道理和法律依据。你这车停的位置不对,我的船还被你的汽车撞坏了呢!你得包赔我船的损失。"

两人僵持不下。王志善的汽车被撞坏,损失大了,他见对方不承认错误,这样争辩下去也没有好结果,便一纸诉状将吕永宽告上法庭,让法庭判令吕永宽赔偿他的损失。

在法庭上,王志善强调是自己先把车停在那里,渔船是后来开到他的汽车跟前,是渔船撞了汽车,吕永宽必须赔偿损失。吕永宽则说:"我的船始终在水里,一直没上岸,没有离开水,而王志善的汽车两个前轮已经碰到了水。汽车不在陆地上,而到水边来被船撞了,这是汽车主人的过失造成的。"

王志善说:"是我首先把车停在这里,你是后来把船开到这里的。你应当想到,海水会涨潮,渔船随着潮水的上涨,就会向岸边涌动,涌动到汽车边,就有可能撞到汽车。你没有避免渔船和汽车相撞,就应当赔偿损失。"

吕永宽说:"海水涨潮这是自然现象,就像洪水、地震,自然灾害造成的损失,谁的损失谁自己承担,不应该让别人来赔。"

王志善又说:"海水涨潮不是自然灾害,洪水、地震是自然灾害,因为洪水和地震的到来不可预测,而海水涨潮是自然规律,不要说是生活在海边的人,就是一般人也都知道潮起潮落这样的自然规律。吕永宽把船停在我汽车附近,致使海水涨潮时渔船向前移动,使车船相撞。这是吕永宽忽视了海水涨潮这样的规律所造成,吕永宽应当承担赔偿责任。"

一人说话全有理,双方说话见高低。他俩在法庭上辩论一阵之后,使责任更加分明。

最后,法院判决吕永宽赔偿王志善的汽车被撞所造成的经济损失。这是因为我国《民法通则》第106条第2款规定,公民由于过错侵害他人财产的应当承担民事责任。车主王志善的汽车停在岸边始终没动,是渔船随着潮水的涌动向岸边漂移,导致车船相撞。出现这种情况的原因是船主忽视了海水涨潮这样的客观规律,也在于渔船停的位置正面对汽车。所以有过错的吕永宽就要承担赔偿责任。

宣判后,船主吕永宽无话可说,自认败诉。

车船相撞事少见,停船不稳引争端。
一人说话全有理,双方说话见高低。

求爱失败

冒昧求婚，一般没有好结果。王力的亲身经历证明了这一点。

王力是沈阳市一家大工厂的保安员，穿一身特制的服装，戴上一顶特制的大檐帽，身高1.8米，个头标准，英俊潇洒，站在工厂大门口，厂里每天上下班的工人、干部都从他身边走过。他觉得大家很尊敬他、羡慕他。由此他也就认为全厂的男青年中，各方面条件最佳的莫过于自己。他认为自己出类拔萃，鹤立鸡群，于是目空一切。

他们厂有个青年女工叫夏小青，和他年龄相仿，身高约1.7米，漂漂亮亮，苗苗条条。王力在工厂大门口看遍了全厂每个青年姑娘的身材、脸蛋，觉得只有她才配得上给自己当妻子。而夏小青呢？虽说没把王力放在眼里，但每天上班、下班从他身边经过，出于礼节，也总要下自行车，向他点头致意，算是打个招呼。

工厂大，职工多，不少人之间互不认识。王力和夏小青虽说互相认识，但都不知对方的姓名。他俩只有上下班相见的机会，没有在一起工作、说话的条件。王力想找机会单独跟她唠唠，但一直找不到。他感到，这样的机会也许永远找不到。他又想找个人从中给穿针引线，传情达意，又实在找不到。

一天早晨，夏小青来得很早，到了大门口，照例下车子，推着自行车往厂里走。王力说："你停停，过来一下。"夏小青不知怎么回事，推着车子笑吟吟地走过去。王力见周围没人，依仗自己的优越条件，冒昧地问："你叫啥名？""姓夏，怎么，有事儿？"王力又问："有没有男朋友？"夏小青先是脸一红，接着微笑着说："没有，你问这干啥？"王力喜上心头，开门见山，单刀直入，说："咱俩相处吧，我很爱你，请你找时间咱俩谈一次。"

女人的脸变化最快。夏小青的笑容瞬间为之一扫，脸上立刻"乌云密布"，阴森吓人。她如受奇耻大辱，恶狠狠地回他一句："站你的岗得了！精神病！"然后骑上车子头也不回地向厂内飞速而去。

夏小青觉得被人欺负了，被人耍笑了，哭了一场，然后去找厂领导要求给王力处分。走到半路，又想这样一来全厂会满城风雨，就转回来勉强咽下这口窝囊气。但她心里一直在骂：你配得上我吗？癞蛤蟆想吃天鹅肉，怎好意思张口！而王力呢，更是觉得受了侮辱，就凭我这个男子汉，一表人才，又是个不用穿工作服、不用站车间、不用守机床、不干重活儿的保安人员，在厂门口溜溜达达就把工资挣了。你姓夏的如果不同意，可以婉言谢绝，岂能辱骂我是"精神病"！

冒昧求婚，美梦难成真。王力在极度气愤中度过了一上午，他忍无可忍，下午到工厂运输科，编个理由要来大半瓶浓硫酸,晚上下班时在厂门口截住了夏小青,不由分说,就把瓶里的浓硫酸全泼到夏小青脸上。夏小青"啊"的一声,再也说不出话来,一下子瘫倒在地,她的自行车也随之压到身上。王力举起手中的空瓶子,使劲往她自行车上一摔,"啪"的一声,碎片乱飞。夏小青在地上滚爬、呻吟。下班的工人把她扶起来,用厂里一辆汽车把她送进医院。王力被厂保卫科关进一间办公室,等候公安机关来人处理。

经抢救,夏小青性命保住了,但面容已被严重烧伤。疤痕盖满了整个脸庞,而且口唇活动不便,经法医鉴定为重伤。

沈阳市中级人民法院根据《刑法》规定,以故意伤害罪,判处王力无期徒刑,剥夺政治权利终身。就为这点儿事,王力和夏小青两个年轻人都得饱尝终身的痛苦。

 求爱失败,另选所爱;报复对方,太不应该。

贪官嫖娼

潘东元酒足饭饱之后,到大酒店里开了一套房间,找来一个三陪女,享受人间的花天酒地。

这个女人不到30岁,身材窈窕,姿色颇佳,言辞动听。潘东元玩得高兴,就问她:"你叫什么名字?家里都有什么人?"这个女人根本不跟他说实话,瞎编了一些内容进行搪塞。他问完告诉这个女人:"我叫潘东元,是本市的人大常委会主任,跟市长同级。我年纪大了,你如果不嫌弃我,你下半生的生活我包下来。我给你买套房子,你的所有生活费用全由我承担,你就不必再到这里来挣这种钱了。"

这个女人既吃惊,又怀疑。她知道,凡是到这里来嫖娼的根本不说实话,更不可能说出自己的真名实姓和工作单位。她仔细打量着眼前这个老头子,觉得他细皮嫩肉,确实不像是干体力活的,就说:"其实我也不愿意干这种事儿,被生活所迫,没办法。您如果能给我买套房子,承担我后半生的生活费用,我愿意给你当小老婆,伴你终生。"

潘东元很高兴,为了打消她的疑虑,邀请她明天到自己的办公室坐一坐。这个女人当然同意,也想去看一看他到底是不是那么大的官。

她走进十分庄严的市人大常委会办公大楼，来到潘东元主任的办公室。她亲眼看见这个办公室宽敞明亮，宽大的办公桌上放着两台电话，进屋向他请示工作的人个个毕恭毕敬，人人点头哈腰，笑脸伺候。她确信，潘东元确实是市人大常委会主任，她喜出望外。她卖淫虽然接触不少人，也接触过不少贪官，但那些人都是"一屁俩谎"，没有报真名实姓的。这个潘主任不仅说出了姓名，还把自己领到他的工作单位，看来这是命里注定，跟潘主任有缘，她决定要给潘主任当专职情人。

潘东元到底是主任，说话算数，很快就为这个三陪女买了一套105平方米的住宅楼房。这个女人叫王佳荣，离异，有个5岁的儿子由她监护抚养，跟她在一起生活。王佳荣虽然没有正式工作，没有经济来源，但他们母子二人的花销也没有多少，潘东元完全能够养得起这两个人。

有一天，王佳荣对潘东元说："我儿子长大了，要上学读书，可是，咱家附近这个小学教学质量不好，我就这么一个儿子，我想让他到环北路小学去上学，那个学校师资力量强，教学质量好，远近闻名。咱不在那个学区住，到那里上学有困难，你能不能给协调一下，让我儿子到那里上学。"

环北路小学的教学质量好，有能力的家长都努力让自己的孩子到那里上学。这样一来，学校就得扩招。学校决定：凡是本学区以外的人到这里上学，每人要交两万元扩招费。这两万元潘东元交了还是没交就说不清了，但到小学开学那天，王佳荣确实把儿子送到了这个学校里来读书。

又有一天,王佳荣跟潘东元说:"咱儿子那个学校离我的住处太远,他每天上学我得送,放学我得接,没有汽车不方便。你能不能给我买一辆车?"

潘东元由于答应要把她的后半生的生活费用承担起来,觉得她没有汽车,对孩子的上学接送确实有困难,就又给她买了一辆小轿车。

王佳荣的种种要求潘东元都一一答应,全都满足,因此,两人一直和平共处,关系稳定,也很隐蔽。潘东元在会上作廉政报告的时候,仍然慷慨陈词,大言不惭;有时闲心难忍,想到王佳荣这里来鬼混,就对妻子撒个谎,说要外出开会,一切相安无事。

他俩保持着不正当的关系,风平浪静地度过了三四年。有一天,王佳荣又有求于潘东元,说是她姑姑的儿子因为跟别人打架,把人打伤被抓进去了,让他给疏通一下,把人放出来。潘东元说:"这个事是你亲戚家的事,也不是你的事,咱可不能什么都管。再说,既然人被抓进去了,就说明他犯法了。犯法的人一般都是侵犯了别人利益,如果往外放,对方追究起来就会很麻烦。"

王佳荣第一次表现出不高兴,翻脸了,说出的话硬邦邦的。她说:"其实不少人都犯法了,比如你收受别人贿赂,这不是犯法吗?你给我买房子、买车,花了不少钱,难道都是你的工资吗?你家里有老婆还跟我有这种关系,这不也是犯法吗?犯法的人只要不被发现,不被抓起来,跟好人一样。"她说完看了潘东元一眼,继续说:"我亲戚的事也是我的事。你们人大跟公检法能说上话,我求你办这事儿不是难为你,因为你有这个能力。我求你求不动是不是因为你又看好别人了,不喜欢我了?你想把我甩了有那么容易吗?"

潘东元听后十分震惊,腿都吓软了。他第一次听见有人敢说他犯法。女人一不高兴可太吓人了,给她买房子、买车,竟然成了她手中的把柄。他感到,如果有一天跟这个王佳荣产生矛盾,她就能把自己送进监狱。

市人大是个大单位,那里的福利搞得好。到了秋季,给每个职工发两箱苹果,作为人大常委会主任当然少不了。再加上有人给他送,这样一来,潘东元家的水果堆积如山。

王佳荣对他说:"这么多苹果吃不了,时间长了就烂。你这有车,装两箱给我父母送去呗。"

潘东元说:"我给你拿钱,你去给他们买。"

王佳荣说:"有这么多苹果吃不了,给别人也是给,就给我父母送两箱呗。"

潘东元说:"别说送两箱,就是送20箱也可以,但是如果你父母问为什么往这里送苹果这得怎么说?"

王佳荣说:"实话实说,是你们人大发的。"

"我们人大发苹果也不能发到你们家去。市人大跟你们家没什么联系。"

王佳荣说:"咱俩这种关系也不是一天两天的,我父母早就知道,而且我的不少亲属都知道。"

潘东元一听,又是吃惊不小。当官的外边养小妌,包二奶,有小三,虽然不能说独他一份,但别人也不是公开的,都是偷偷摸摸的,见不得人,怎能为了炫耀自己而向外传播这种事呢?潘东元感到,这样下去很危险。丑事一旦传播,很快就会一传十，十传百，满城风雨，妇孺皆知。

没过几日，王佳荣又有事了，她对潘东元说："我舅舅的女儿跟他们单位的领导闹矛盾，不想在那儿干了，你给另外找一份工作吧。"

潘东元说："她在单位里跟领导闹矛盾，在这种情况下辞职不干，又找到了新的工作单位，他们原来的领导就会耿耿于怀，就会吹毛求疵找毛病。咱俩相好，我只能为你的生活负责，至于你的亲属有困难，我不能都给解决。"

王佳荣再次翻脸，脸色阴森，目光犀利地对他说："我求你办事也用不着你背，用不着你扛，你就是坐在办公室打个电话。你是不是因为咱俩相处时间长了喜新厌旧，烦我了？你想摆脱我吗？你说了要对我的后半生的生活负责到底，我现在还没老到那种程度，你想一想，你如果抛弃我，我生活不好，你这个主任还能当下去吗？"

潘东元吓得目瞪口呆。他知道，自己为她买的楼房和轿车，用的是赃款，他还有几笔受贿已被王佳荣掌握。这个泼妇一旦不高兴，就会鱼死网破。人们常说，"小三"是反腐功臣。"不怕纪委瞪眼，就怕'小三'翻脸"。栽倒在"小三"手里的官员大有人在。但是，自己已经和这个女人沾上了，实在惹不起她。如果总是哄她不惹她生气，就得听她使唤，由她摆布，不断地给她亲属办事，不断地给她拿钱。一旦哪个要求没满足，她一翻脸就会丑事败露，自己将身败名裂。

合法夫妻尚存矛盾，婚外情人难免纠纷。为了确保自己的安全，潘东元认为必须摆脱她。而现在看来，想摆脱是摆脱不掉的。经过长时间考虑，潘东元认为已经无路可走，只能除掉她，而且宜早不宜迟，等她哪天来了脾气告到纪检委那就晚了。

怎样才能把王佳荣除掉呢？潘东元没有自己动手，他把这个任务交给了他的侄女婿陈敬林，并且给拿10万元活动经费。陈敬林又约了本家族的陈百昌，两人决定要为潘东元完成这个任务。

潘东元对陈敬林说："只要结果了王佳荣的性命就行，千万不能在作案现场留下足迹、血迹、指纹等破案线索。"并且还向他提供了王佳荣的住址、照片、家门钥匙、汽车遥控器等物品。

陈敬林跟陈百昌经过多次预谋，最后决定以爆炸的方法将王佳荣杀害。陈百昌向陈敬林提供两公斤的硝铵炸药和五枚雷管，陈百昌又找到专门修理汽车的好朋友何兵，他们利用各自精通的技术，共同制造了遥控爆炸装置，并且经过两次试验，均爆炸成功。在潘东元的催促下，于7月13日下午，陈敬林带领何兵拿着爆炸装置，来到王佳荣轿车的停放处，由何兵将爆炸装置塞入驾驶座位的下边，然后他俩驾车在附近躲藏。下午4点钟，王佳荣驾车去接孩子放学，陈敬林跟何兵便驾车尾随其后，来到离王佳荣接孩子放学的必经之路不远的地方，何兵用遥控器引爆炸药，将王佳荣当场炸死，并且炸伤三名行人。

这起爆炸案很快告破。潘东元为了不使自己的受贿和包二奶丑闻暴露，竟然杀人犯罪。司法机关经过进一步调查核实，发现他有多起受贿行为，而且从他家搜查出巨额财产53万元，他不能说明其来源。

案件起诉到法院,法院经过开庭审理,认定潘东元犯爆炸罪、受贿罪和巨额财产来源不明罪,对其数罪并罚。认定陈敬林、陈百昌、何兵均犯爆炸杀人罪,分别判处不同的刑罚。

 当官谋利谋色,终至腐化堕落。

依法抗争

一天傍晌,一辆面包车开到沈阳市鲁迅公园门口,这里有个大型劳务市场。在这里,除了有沈阳人在找工作以外,还有许多外地人到沈阳找工作的。

这时,从面包车上下来四五个年轻男子,一个30岁左右的走在前面。他英俊潇洒,浓眉大眼,西装革履,威风凛凛,另几个簇拥其后。很明显,走在前面的是个头头。他叫杨浩,是辽东娱乐城经理。这天,杨经理亲自到这里来为娱乐城招聘服务员。

招什么样的呢?专招30岁以下的成年漂亮女人,从内蒙古农村来的朱芳等几个人吸引了他们。杨经理指着其中的朱芳和冯建华问:"我们是辽东娱乐城的,招服务员,包吃包住,月薪800元,另外加补贴,你们干不干?"

"补贴是怎么加的?每月平均能加多少?"

"按照各自为娱乐城创收的价值,按比例加补贴。"

"都干什么活儿?"

"打扫卫生、端盘子、陪唱歌、陪跳舞、陪吃饭、陪各种娱乐活动。"

"陪吃饭还得个人掏钱吗？"朱芳因为要去，就多问了几句，杨经理不愿多说，他身后的几个随行人员就上来帮腔："你就说干还是不干，这差事让你碰上了算你走运，你要不愿去就别去！"

朱芳还问："在什么地方？"

杨经理说："我们有车，要去就上车，一个多小时就到。"说完，杨经理他们要走了，根本不谈签什么劳务合同的事。朱芳她们一行五六个人，杨经理只相中了朱芳和冯建华，别人想去杨经理还不要。朱芳犹豫了一会儿，见这伙人要走，找工作也实在太难，哪敢再提签劳动合同的事，最后说："去吧。"说完，她和同行的冯建华两人上了杨经理的面包车。过不长时间，杨经理他们陆陆续续找来十多个女子，车装满了，就往辽东娱乐城开。

辽东娱乐城在一栋大楼的一、二层，除了舞厅、餐厅以外，还有十多个客房。被招来的朱芳她们被安排好以后，立刻就开始工作。根本没有工作前的培训、指导，什么活儿都由大堂经理临时指派，而大堂经理是杨经理的亲信、打手，杨经理本人根本不露面。

朱芳来的当天晚上，大堂经理给朱芳安排活儿，说："你到203客房招待一下客人。"

"怎么招待？"

"去了就知道了。"

朱芳到了203房间，房间里有一张双人床，床上躺着一个刚喝完酒的40多岁男子，他说："来了，欢迎。"说完就下地插门。

朱芳问："有什么事情需要我帮助吗？"

那男子一愣，说："没事。上床。"

"上床？"朱芳不解，问，"上床干什么？"

"不上床怎么干啊！"

"干什么？"

"你干什么来了？"

朱芳明白了，开门出去问大堂经理："你让我到203房间去干什么活儿？"

"陪客人。"

"怎么陪？"

"让你干什么就干什么呗！"

"他让我上床跟他睡觉。"

"那就陪呗。"

"我不干。"

"你不陪客人睡觉你来干什么来了？"

"我走，不干了。"

大堂经理把这情况反映给杨经理，杨经理跟朱芳论理："不干可以，但你必须在这干半个月以后才能放你回去。"

"凭什么？"

"我们用车把你从沈阳接来，什么活儿也不干就想走，难道我们是接你到这儿来免费旅游的吗？"

"我是来干活儿的，你们让我卖淫我不干。"

"我们这是娱乐城，专门陪客人搞娱乐活动的，你要不干，当初不应该跟我们来。"

"在劳务市场你是说让我们到这里来打扫卫生、端盘子、陪唱歌、陪吃饭、陪跳舞、陪搞娱乐活动的,也没说到这里是来卖淫的。"

"你知道什么是娱乐活动不?娱乐活动就是玩儿,人家客人就要跟你上床玩儿,也不是不给你钱。"

"娱乐活动国家不禁止,国家禁止卖淫;娱乐活动不违法,卖淫违法。国家禁止的、违法的事儿我不干。"

杨经理不再跟她讲理,上楼了,走到楼梯口时告诉大堂经理:"教训教训她。"

来了两个男服务员,把她拖到她的寝室,打她一阵之后又把她轮奸了。朱芳气得嗷嗷直叫,说:"光天化日之下你们竟敢这么干!"

"你敢顶撞我们经理,你还有王法吗?你明天开始必须接客!"

朱芳遭到凌辱,受到欺压,想跑,这个娱乐城所有窗户都安上了护栏,只有一个门可以进出,有两个男服务员在门口把守,根本跑不出去。她与同来的几个姐妹们商量,怎样才能逃出去。她们说:"你没看见吗,到这里来玩儿的没有工人、农民、打工者,都是社会上有头有脸的人。听别人说,这个娱乐城上面有人保护,谁也治不了。我们也不想干这种事,但被逼无奈跑不出去。"

朱芳不接客,不卖淫,跑不出去,不给饭吃,还被殴打,她始终不肯低头就范,总想找机会逃跑。她跟大堂经理说:"我有病,得出去买点儿药。"

"买什么药,我派人给你买。"

朱芳看见有一伙儿客人吃完饭要离开这儿,就混在其中想混出去,被发现了,有两个男服务员一人拽着她一只胳膊,硬是从一楼顺着楼梯给拖到二楼,说:"你跑得了吗!你在这儿干半个月,我们每半个月换一次服务员,客人不想见老面孔,我们下次换服务员时放你回去。"

朱芳到厨房打水,忽然发现这里有个烟道通往窗外,她趁厨房无人之机,钻进烟道,爬出去,终于见到了外边的太阳,呼吸到了新鲜空气。可想而知,她从烟道里爬出来,手上、脸上、身上会脏到什么程度。她顾不得这些,迅速拦一辆开往沈阳的客运汽车,上车离开了这里。

她虎口脱险,惊魂未定,坐在汽车上不时地往后看,唯恐辽东娱乐城派人开车追来。她在想,到了沈阳,下一步怎么走呢?

被人侵犯了的弱者,应该寻求法律的帮助。朱芳决定依靠政府、依靠法律。辽东娱乐城尽管不在沈阳,但没离开辽宁,归辽宁省管辖。她跑到沈阳首先找到辽宁省妇联,请求保护。省妇联的人接待了她,认为她反映的情况属于强迫妇女卖淫的刑事犯罪,不归妇联管,但没有把她推出去就算了事,而是派人派车把她护送到辽宁省公安厅。在那里,朱芳细说了在辽东娱乐城的遭遇,并请求公安厅派人前去解救那里的姐妹们。朱芳说:"听别人说,辽东娱乐城上面有保护伞,如果没有保护伞,不会这么猖狂而没人管,请求辽宁省公安厅直接去人抓捕强迫妇女卖淫的犯罪分子。"

辽宁省公安厅对朱芳的控告很重视,认为娱乐城上面有保护伞的说法尽管是道听途说,不一定真实,但也不一定就不存在。被养得又肥又大的黑社会势力,有的确实有保护伞。

在做了详尽部署后,晚 9 点整,辽宁省公安厅的一辆警车从沈阳开到这里。由于有朱芳引路,有省公安厅具体指挥,公安人员以迅雷不及掩耳之势闯入这个娱乐城,对每个房间、各个角落进行排查,有几个房间的嫖客一丝不挂被赤条条地从被窝里揪出。杨经理被戴上了手铐押上警车,这时他突然见到警察队伍中的朱芳,他明白了:自己没有斗过生活在社会最底层一个弱小女子,竟然败在她手下。

法院开庭审理时,被强迫卖淫的妇女们积极出庭作证,依法抗争,控诉杨浩及辽东娱乐城的罪行。在确凿的证据面前,这个杨浩被判处了死刑,对其爪牙,法院还根据各自的罪行轻重,也判处了不同刑罚。

 法律是民众之盾,依法维权可以护身。

捉住窃贼

在沈阳与大连中间有个大石桥市（辽南县级市），归营口市管辖。在大石桥市郊北有座蟠龙山，山北坡有片果园，是李殿增和他儿子李直经营的。

果园内有些李子树，棵棵挂满了果。李子成熟早，到夏季就可以吃了。为了使李子不丢失，能够多卖钱，临采摘那几天，李家父子几乎住在园内，白天晚上看守着。

一天傍晚乌云密布，太阳落下去的地方出现一片金红色的晚霞。李殿增和儿子正坐在园内的小房前闲唠。他对儿子说："这叫乌云接驾，不阴就下。"

他儿子闲着没事跟父亲磨牙，故意跟他逗着玩，跟父亲犟嘴说："一点儿科学道理都没有，啥叫'不阴就下'？下雨得先阴天，然后有了云彩才下雨，怎能不阴就下？"

"你怎能不信呢！这是千年俗语，没错！这句话不是说不阴天就下雨，而是说不是阴天就是下雨。你看西边乌云那么多，晚上一定有雨。别犟嘴了，快回家吃饭，吃完回来换我。"

他儿子还是不走，就愿跟老父亲磨嘴皮子，逗着玩，硬是让父亲给撵回去了。

李直走后不一会儿,雷声、风声、雨声就连成一片。李直吃完饭,披件雨衣,拎个饭盒跑回来,钻进小房对父亲说:"外面的雨下得挺大,你别回去了,我把饭给你带来,快吃吧。下雨天容易有人偷李子,我先到那边瞅瞅。"

"你太笨。刚下雨没事儿!再等一会儿就得注意了。下雨天要是有人来,就是大贼。他不会空手来,不会摘几个就走。要来,就是拿麻袋。今晚咱俩得轮流睡。"他儿子李直没反驳。

再说这蟠龙山下,有户姓刘的人家,男的叫刘芳一,40多岁。吃完晚饭,本村的史佑兴到他家闲坐,坐了一会儿外边下雨了,没法走,就跟刘芳一摆上象棋,玩上了。外面的雨一直不停,两人就一盘接一盘地玩到深夜。快到12点了,两人又饥又渴。刘芳一说:"外边雨大,到果园偷果保证没事儿。"

"这么大的雨,就是白给我也不去拿。"史佑兴答道。

"蟠龙山北坡有片果园,那里有不少李子树,咱俩一人拿条麻袋,去了就摘,摘满往回一背。你回你家,我回我家。要不,你这么晚才回去,不带点儿东西你媳妇能让你上炕吗!还不得让你跪搓衣板啊!"

"你有两条袋子吗?"

"有。是编织袋,挺大的。你拿一条,我拿一条。"

史佑兴经不住劝说,犹豫了一下,觉得确实回家晚了不带点儿东西不好交代。两人把象棋收拾起来,也没披雨衣,一人顶条编织袋就出去了。当时正值盛夏,虽说是深夜,雨水也不算太凉。

他俩来到果园边,蹲在壕埂上听听声,四周一片哗哗的雨声,又往园内看了看,一片漆黑,不见人影,不见灯光。

刘芳一说:"进!"说完就先窜进果园。史佑兴紧跟其后,到了园内,一人选好一棵李子树,在树下把袋子口打开,就往里摘。

白天看,棵棵都结了不少李子,但这是晚上,枝叶茂密,树上一片漆黑,他俩不得不摸着摘。每人大约摘了十多斤,也够吃了,但谁也没提出要走,都认为多摘一个就多得一个。

再说小房内,李直睡了,父亲李殿增坐着吸烟。吸了一会儿就披着雨衣,拿着手电,到李子树这边查看。手电没打亮,因为他明白,手电一亮,等于告诉对方自己的位置。当时风不算大,但雨点大,打在树叶上噼里啪啦一片声响。他的走路声淹没在雨声里,刘芳一和史佑兴都没听到;而这两个人摘李子的哗啦声,也和雨声融在一起,李殿增也没听到。李殿增走一段就蹲下来,往远处看一看,远处一片黑,但仍能模模糊糊看出排列整齐的树干。在黑夜里,树干就像一根根黑柱,特别是眼前这几棵,十分清楚。

在察看中,他突然发现前面树干旁有人。李殿增没马上把手电筒打开,想回去叫儿子。又一想不对,等把儿子叫来,这两个贼就跑了。他就一人蹑手蹑脚地向这两个黑影靠近。

刘芳一和史佑兴正在一个劲儿地快速摘李子,毫不提防。突然,一道手电光在刘芳一身旁亮起,随后是一声巨吼:

"看你们往哪儿跑！"手电的亮光照在刘芳一脸上，他顾不得拣地上的袋子，拔腿就跑。史佑兴离手电光稍远一点儿，拎起袋子，往身后一背，一下子就在夜幕中消失了。

李殿增自知孤身一人难捉两贼，况且这两人身上是否带凶器也不清楚，就站着喊，没敢向前追。他站在那儿，虚张声势："把那个人堵住，别让他跑啦！"喊了一阵，见那两个人跑远了，这才用手电照照树，晃晃地，仔细察看。看见地上有个编织袋，拎起来向小房那边走去。

他儿子李直在小房听见了喊声，一翻身爬起来，披上雨衣，拎起门后的大棒子就向传来喊声的方向跑去，半路上遇见了父亲。李殿增把袋子放在地上，用手电照着说："你看，摘这么多了，再晚出来一会儿就让他们拿走了。"

"人呢？"

"来两个，都跑了。"

李直拎着编织袋，往小房这边走。李殿增拿着手电跟在后面，手电照在编织袋上，他发现上面有字。

"你放下，袋子上有字。"

李直把袋子放在地上，抖开，李殿增用手电一照，上边有三个用红油漆写的大字"刘芳一"。

李直说："跑了和尚跑不了庙。有这个编织袋，明天就能把这两个人找到。"

到了小房，李殿增说："他们来偷李子，让我发现了，没来得及把袋子拿走，说不定一会儿会回来找袋子。"

李直说："肯定会，因为这袋子上有名。我拿棒子到那边等他们。要来，我就打折他的腿。"

李殿增只是认为有可能来，并不认为一定能来，所以也没阻拦。

李直把衣服脱下来，把湿的地方拧了拧，然后又穿上，披件雨衣，一手拿手电，一手拿棒子，又出去了。李殿增说："我抽支烟。他们若来，喊我一声，吓唬吓唬得了，别给打坏了。"

再说刘芳一，跑到半路雨停了。他放慢脚步，忽然想起编织袋上有自己的名字，觉得跑得了今天，跑不了明天。损失个编织袋不算什么，人家会根据这条袋子通过公安派出所找上门来，这就把问题弄大了。不行，得回去把袋子找回来。

他停下脚步，四处看看，想找史佑兴，打算让他和自己一起回去。但天很黑，一时不见人影。如果找下去就会耽误时间，为回去找袋子带来困难。他往果园那边跑，来到那棵李子树下，急急忙忙地用脚蹚，用手摸，想找到袋子。

这时李直从树后窜出，一棒子砸到他脑袋上。他趔趔趄趄刚想跑，右肩又挨一棒子，他被打倒，还没等站起来，李直就站在他跟前，一顿乱棒打得他直叫妈。天黑，也看不清头脚，李直左一棒，右一棒，一直打得他不再出声这才住手。李直用手电照，见这个人昏过去了，头还在流血，害怕了，跑去找父亲。

李殿增正朝这边走，在半路上他俩相遇。李直说："偷李子的人回来找袋子，让我打昏过去了。"

李殿增随儿子来到刘芳一身旁，见他昏迷不醒，就和儿子一人抬肩膀，一人抬双腿，把刘芳一抬到小房前。李直拿来两件雨衣，给刘芳一铺一件，盖一件，然后问父亲："怎办？"

"你都打哪儿了？"

"就往身上打的。"

"打脑袋没？"

"可能打一下。"

"只要不死，就啥事没有。我让你吓唬吓唬就行了，怎么打这么重。我在这里看着，你赶快去公安派出所。"

公安派出所的人来后不大工夫，刘芳一就停止了呼吸。经法医鉴定，刘芳一浑身大面积软组织挫伤，死亡原因是头顶右颞部出现横行线状骨裂，颅脑损伤。

刘芳一黑夜到果园偷李子有错在先，但不能因为人家有过错，就把人活活打死。有过错的人，其人身安全仍然受法律保护。法院经过开庭审理，以故意伤害罪判处李直有期徒刑十二年。

依法维权会得到法律保护，
违法维权会受到法律惩处。

思想有错

11月11日这天上午,辽宁省盖州市(辽南县级市)九寨乡的党委、乡政府一班人,开着一辆汽车,拉着一口肥猪,举着一面锦旗,来到盖州市公安局,献上九寨乡全乡父老乡亲对公安干警的谢意。因为公安干警们在很短时间内侦破了一起杀人案,为保护一方人民的生活安宁做出了贡献,受到人们称赞。这是一起什么案件呢?我们从案件被发现说起:

11月4日这天早晨6点多钟,九寨乡的郭老汉早早就起来了,来到儿子郭东阁家,给小孙女送牛奶。敲门,门不开,推门,推不动,原来,门是用一根铁丝从里面拧上了。他纳闷,怎么还把门从里面用铁丝拧上了呢?他站到窗前,隔着窗玻璃往屋里一看,顿时心惊肉跳:只见屋里儿子郭东阁、儿媳妇、小孙子和小孙女一共四个人躺在地上,身上满是枪伤刀痕,鲜血已经把屋内的地染红。老汉差点儿晕倒,理智把他拉回到现实,他立刻向盖州市九寨乡派出所报告。

公安机关接到报案,营口市和盖州市有近百名公安干警火速集结,飞速赶到发案现场,紧张的侦破工作立即展开。有一组进行现场勘察,有一组进行全面走访,还有一组在车站码头布控,对逃犯进行围追堵截,对可疑人员进行盘查。

与此同时,公安机关的有关领导坐下来研究案情,调整侦破方向。经调查认为,死者郭东阁由于经营水果,家里应该有钱,在现场勘查中没有搜索到钱,再加上被害人的衣兜被翻动过,因此有人认为这是一起抢劫杀人案。还有一些人认为,从现场勘查来看,犯罪分子作案前做好了充分准备,例如准备了铁丝,先把被害人家的房门拧上,然后再进行杀人作案,同时,又准备了猎枪、菜刀、斧头、匕首等多种作案工具。被害人遭到枪击后,已经失去了反抗能力,但案犯仍然不依不饶,连续用刀、斧等工具加害被害人。郭东阁妻子身上竟然被扎十多刀。这些现象,对于素无积怨的抢劫犯来说,显然是多余的。因此,更多的人认为,这是一起报复杀人案。大家的意见不统一,就继续进行调查走访,对现场进行第二次勘查。

在第二次勘查中,在被害人家卧室里找到了被害人精心收藏的6000余元,这更能说明,此案像是报复杀人而不像是图财害命。同时,在被害人家院内西墙角提取了一支手电筒,手电筒里有两节"河北省东光电池厂"生产的"铁狮"牌电池,电池外边还卷着一张印着初中物理试题的纸。这一发现,对侦破案件会起到重要作用。

作案人作案,既用了刀、斧,又用了猎枪。深夜猎枪一响,四邻一定都能听得很清楚。可是,刑侦人员对四邻进行调查时,人们都闭口不谈。从他们的表情看,大家可能知道一些情况,只是思想上有顾虑。于是,刑侦人员就赶到学校,对被害人邻居家的孩子进行个别了解。一位小学生就明确对刑侦人员说:"叔叔,不是我不说,是我爸、我妈不让我说。"

刑侦人员对这个小学生做思想工作，说："你认识郭东阁家的小孩子不，死得多么可怜，叔叔跟你了解情况，就是想最快找到杀害你邻居家这个坏蛋。"小孩子心灵无瑕，听了警察的话，"哇"的一声哭了，说："叔叔，我听我爸和我妈议论，可能是什么'风'干的。"

刑侦人员马上就想到了逃犯郭小锋，这个人今年28岁，在两年前，曾经在九寨镇骆驼岭结伙拎包盗窃作案，窃得人民币2万多元。此事被害人郭东阁一家知道内情。公安人员侦破这起盗窃案时，其中一名案犯落网，而另一名就是郭小锋，他闻风潜逃了。郭小锋怀疑此案是郭东阁报的案，便对他一直怀恨在心。

刑侦人员经过大量走访，便把郭小锋作为重点怀疑对象，认为他有重大作案嫌疑。刑侦人员在郭小锋父母住处提取到了与发案现场同类的铁丝、同种牌号的电池和同样的物理试卷纸。刑侦人员判定：郭小锋就是作案嫌疑人，必须尽快把他抓获，否则，他还会继续危害社会、危害人民。

他能潜逃到哪呢？刑侦人员询问了他的父母、亲属和有关群众。根据群众反映，郭小锋有两个舅舅在瓦房店市住，这两个舅舅共有七个孩子，都已经结婚另行安家。得到这个信息后，刑侦人员星夜赶到那里，分成九个侦破小组，对这九个家庭分别进行搜查。虽然没有找到郭小锋，但却得到了一条重要信息，这就是郭小锋在10月30日到过瓦房店，这说明，他不仅有作案时间，而且并没走远。

在对郭小峰的亲属了解中，知道他在发案前回到过家里，而且想找人跟当年的失窃者说情，要求他们不要再追查，因为他盖好了新房，由于畏罪潜逃在外，不敢回家，既不能居住，又不能结婚。后来听人们说，原来的那起盗窃案公安机关已经立案，别人想撤也撤不了。由此他痛恨郭东阁家，认为他盗窃作案是郭东阁报告的。

根据群众和郭小峰的亲属反映，郭小峰在沈阳市于洪区有家亲属，前两年他潜逃时，主要是在那里打工维持生活。

公安人员了解到这一情况后，立刻赶赴沈阳市于洪区，在当地公安部门配合下，很快查到了郭小峰的下落，并将其抓获。

郭小峰交代，两年前，他跟别人拎包盗窃得手，当时郭东阁经营水果需要钱就跟他借了5000元。事后，他跟郭东阁要这笔钱，郭东阁不但不给，反而把眼睛一瞪，说："怎么，你以为你的钱是好道儿来的吗？"郭小峰大吃一惊。他跟郭东阁要钱紧迫，随后他的盗窃案件就被公安机关侦破，郭小峰畏罪潜逃，他的同伙被抓获。郭小锋一直以为这起案件是郭东阁告发的，因此对他怀恨在心。郭小锋想报复郭东阁，由于潜逃在外一直没有报复机会。

郭小峰在外打工期间，处了一个女朋友，打算近期结婚，苦于钱财不够，便在一天夜里潜回家中，跟父母要钱。他父母不给，在困境中他更加怨恨郭东阁，认为自己现在的处境是因为郭东阁告发他盗窃犯罪造成的。他越想越痛恨郭东阁，便不顾别人劝阻，铤而走险，对郭东阁进行报复。

他准备了一把双筒猎枪，带着手电、刀斧，潜入郭东阁家。到那以后，他先躲在院内西墙下，用手电筒一照，见郭东阁一家都已入睡，便把手电筒放在地上，捡起地上一只啤酒瓶,扔进屋里,想把郭东阁家的人引出来,然后开枪射击。无奈郭东阁家没有反应,他只好走到窗前,打开一扇气窗,伸手拉开窗户的插销,破窗而入。进屋后,先用铁丝把门拧上,免得郭东阁家人被惊醒后逃跑。随后他才走进卧室,对熟睡中的郭东阁及其妻子、儿子、女儿开始射杀。他行凶杀人后,在屋内简单地翻了翻钱财,没翻到,然后就仓皇逃窜,连夜潜回沈阳于洪区。他没想到,事过三天便落入法网。他被抓捕时还自言自语地说:"这事是我干的,我已经精心策划了,还是露了马脚,让你们给逮着了。"

盗窃犯罪这已经错了一步,在这之后他又选择了畏罪潜逃。这还不说,他犯罪不反省自己,却怨恨他人举报,怨恨国家公、检、法三机关,怨恨国家法律,于是在潜逃期间竟然报复他人。

思想有差错,悲剧躲不过。他这种一错再错的做法,把自己送上了绝路。

公安人员告诉他:"你两年前盗窃2万元,根据盗窃数额,不会被判得很重,如果能自首,还会得到从轻处罚。可是,你没这样做,畏罪潜逃了,在这期间又报复杀人,这不是自寻死路嘛!"

郭小峰说:"现在说什么也没有用了,晚了。"你别看他不懂法,法制观念差,但他知道连杀四人,没有法定从轻处罚情节,自己必将受到严惩。

思想有差错,悲剧躲不过。
小错变大错,法律不放过。

诛杀幼子

农民曹振业结婚四年，妻子一直没怀孕，他开始想：这算完了，我是个农民，如果没有子女，将来年老丧失劳动能力靠谁来耕种承包地？靠谁来养老？他幻想，即使不能生儿子，生个女儿也行。女儿可以帮助烧火做饭洗衣服，女婿也可以顶半个儿子，帮助照看承包地。正在他一筹莫展的时候，妻子怀孕了，随后竟然给他生了个胖小子。这小孩儿虎头虎脑，讨人喜爱，他跟妻子还没来得及为这孩子起名字，就给他起乳名"小虎子"。

小虎子逐渐长大，先是会笑，能翻身，能走路，会说话……曹振业拿他当宝贝，只要有闲工夫，别的事不干，专门逗儿子玩。

小虎子三四岁的时候，不精不傻，逗他很好玩儿，很开心。曹振业高兴了，就戏骂小虎子是"臭儿子"，然后看小虎子有什么反应。他听到小虎子跟他叫"臭爸爸"，曹振业总是嘿嘿一笑。

他听别人说，外国人主张当爸爸的应该跟子女没有隔阂，跟子女像朋友、像兄弟姊妹，这样便于沟通感情，交流思想，也就便于了解子女和教育子女，对此他深信不疑。他也曾经听说过中国古人的"三纲五常"，他没系统学过，对其内容并不详细了解。他知道"三纲"中有"父为子纲"，他也没系统学过，但隐隐约约地知道，"父为子纲"可能是当儿子的，一切都得听从父亲的。

他认为：今人一定比古人聪明，外国人一定比中国人先进。他有了这样的认识，就愿意接纳外国人的思想，愿意接纳今人的意识，对古人留下的传统观念不重视、不学习，就想全盘抛弃。所以他不认为子女一定得听父亲的，父亲也不一定处处给子女做表率、做榜样。在这样的思想指导下，在小虎子面前，他没有威严，也不想树立威严。他总是逗儿子、玩儿子、耍儿子，跟儿子嘻嘻哈哈。小虎子也不怕他，还骂他、打他，不听他的话。

人有喜怒哀乐，月有阴晴圆缺。曹振业高兴时，小虎子骂他、打他，他嘿嘿一笑，认为这说明自己跟儿子没有隔阂，将来便于沟通思想。他不高兴时，儿子骂他、打他，他就对小虎子拳打脚踢，甚至扇耳光，小虎子被打得莫名其妙，哇哇直哭，还不知道错在哪里，不知道为什么被打。

有一天，曹振业给小虎子买来一些香蕉，小虎子一手拿一根，一边吃，一边玩耍。曹振业又来逗他，说："把那根香蕉给爸爸吧。"小虎子刚要往他这边走，想把香蕉递给他，这时小虎子的妈妈说："给妈妈吧。"小虎子转过身，把这根香蕉递给了妈妈。曹振业问："怎么不给爸爸呢？"小虎子说："爸爸坏！你是臭爸爸。"

由于曹振业总爱跟他开玩笑，所以小虎子也常常不分场合、不看时间、不顾内容，跟爸爸常常说些没有分寸的话。

一天上午，曹振业问小虎子："你长大是养活我还是养活妈妈？"小虎子心不在焉地说："我只养活妈妈，不养活爸爸。"曹振业听后心中不悦。下午到地里干活儿，小虎子在他身边玩耍，他又想起小虎子上午说的那句话，再次问他："你长大了，是养活我还是养活妈妈？"小虎子仍然说："我只养活妈妈，不养活爸爸。"

孩子幼小很天真，教育孩子要耐心。当时小虎子才5岁，对"养活"是什么意思都搞不明白，更不懂得子女具有赡养父母的义务，但曹振业对这么点个小孩子的一句戏语，竟然较起了真。他把小虎子领到耕地旁边的一条小河边，再次问："你说，你长大了能不能养活我？"小虎子仍然心不在焉地说："我只养活妈妈，不养活爸爸。"说这话时，小虎子若无其事，面无表情，根本不懂这句话是什么意思，更没想到会引起怎样的后果。

曹振业听了，火冒三丈，认为养儿防老，既然我老了你不养活我，我现在养活你干什么！他跟儿子斗气，伸出像钳子一样的双手，狠狠掐住小虎子的喉咙，说："你个小兔崽子！我叫你不养活我！"他满腔的怒火化成暴力，狠掐儿子脖子不松手。

小虎子说不出话，喘不出气，不一会儿就停止了呼吸，命归西天。曹振业一看儿子死了，怒气未消，竟用双手抓住小虎子的两条小腿给扔到河里。曹振业若无其事，又回到他的承包地继续干活儿。小虎子不在他身边玩耍，这时他感到寂寞、孤独，意识到自己做错了事：一个5岁的孩子，懂得什么叫"养活"？过了两个小时，他后悔了，跑到河边去找小虎子。小虎子的尸体已经顺着河水漂流而下，不知漂到何处。

曹振业万分后悔，闯下了大祸，回家怎么向妻子交代！他痛哭起来，随后擦干了泪水，没回家，而是直接跑到乡公安派出所去投案自首。

江苏省苏州市中级人民法院审理了这起案件，认定曹振业犯故意杀人罪，因为有自首情节，依法对其从轻判处无期徒刑。法官问他是否上诉，曹振业说："我到公安机关自首，不是为了得到从轻处罚，我只是对掐死了儿子感到后悔，其实，我是想跟儿子一起去死的。"

孩子幼小很天真，教育孩子要耐心。
虎毒尚且不食子，诛杀亲儿法难容！

失恋之后

失恋之后怎么办，检验着人的智慧与涵养。王吉失恋了，我们来看看他是怎么处理的。

王吉是沈阳第三钢窗厂的青年工人，在工作中与本车间一个外号叫"大美丽"的姑娘建立了恋爱关系。"大美丽"并不美，红嘴唇、红脸蛋、红指甲、黄色披肩发，不是长得美而是爱臭美。他们恋爱时间长了，这种关系也逐渐公开，全厂人都知道他俩在恋爱。王吉常到"大美丽"家，"大美丽"的父母、亲友也都知道他俩的恋爱关系。

恋爱初期，王吉去"大美丽"家，事先都打个招呼，或者是应"大美丽"的邀请。过了一年多彼此熟悉了，礼节也少了，王吉偶尔也会成为"大美丽"家的不速之客。

有一次，他去了正赶上人家有客人。这个人也是个年轻小伙子，与他的年龄相仿，西装革履，文质彬彬，坐在沙发上吸烟、喝茶，看样像个读书人。"大美丽"给他俩一一做了介绍。"大美丽"对王吉说："这是我表哥。"然后又把他介绍给那个小伙子，说："这是咱车间的工友，我的好朋友。"两个小伙子握握手，也就相识了。互不熟悉，也没什么更多的话可唠,王吉在那坐了一会儿也就离开了。

过了三四个月,王吉在"大美丽"家又一次遇上了这位表哥。以后,在"大美丽"家,偶尔也会遇上这个年轻人。王吉也想到了:"大美丽"会不会欺骗我,她是不是也在与这个人恋爱?又一想,不可能。一是表哥表妹是近亲,不能恋爱;二是即使不是表哥,我王吉与"大美丽"的恋爱关系是公开的,"大美丽"的父母都知道,也不会在"大美丽"家再冒出一个与我身份相同的人。王吉没再多心,他辞退了数不清的媒人和主动求婚者,一心一意与"大美丽"相处。并且一直认为,长时间的相处,已经奠定了牢固的感情基础,两人结婚只是早晚的事。

在恋爱中,王吉常常谈到结婚应该购置什么样的家具、家电,屋内如何摆设,"大美丽"也积极插言,认为什么家具的颜色好、款式新。美好的家庭、幸福的婚后生活,离他们越来越近。

有一次,王吉还提到结婚登记的事,"大美丽"说:"咱登记得选个好日子,最好是阳历、阴历都是双日。"

有一天,王吉在"大美丽"家跟她说:"8月26日这天就是好日子,阳历、阴历都是双日,而且在这个日子中还带个'8',这天咱去登记,婚后的生活准能发。""大美丽"说:"我不能再登记了,再登记就重婚了。"

王吉听得十分清晰,但不解其意,也就没理她。事后王吉回想起来,"大美丽"当时的表情不像是开玩笑。再说,开玩笑也不能用这个话题。王吉主动约"大美丽"专门商量结婚登记的事。"大美丽"毫不掩饰地告诉他:"我上个月跟小刘登记了,准备最近结婚,结婚时欢迎你去吃喜糖。"说完,两眼盯着王吉,看他有什么反应。

"大美丽"挺严肃,王吉看得出她不是开玩笑,但他还是说:"我跟你说真格的,挺大的姑娘怎么没正经呢?"

"真的,谁说谎谁是小狗。我已经跟我表哥登记了,以后我再给你介绍一个好的,保证比我强。"

王吉还是有点儿不信,认为他们恋爱这么长时间,恋爱关系是明确的,感情一直很好,从来没发生矛盾和争执,怎么会出现这种事?再说,表哥表妹不能结婚,法律有规定。他还是不相信这个事实。

"大美丽"心里十分坦然,说:"信不信由你,反正我告诉你了,我不能欺骗你,做事得讲良心,事情是咋回事就是咋回事。咱俩处这么长时间,你对我好我知道,你的婚姻问题我承包了,保证给你介绍一个好的,一定对得起你,你看够意思不?"

王吉听了,觉得"大美丽"说这些话就像贪官讲廉政、娼妓谈贞操。她说的那些"良心""不能欺骗你""够意思"等与事实完全不符的话更让王吉发怒。

原来,"大美丽"的表哥,并非真的是表哥。这位被称为"表哥"的人与王吉的地位、身份完全一样,也是"大美丽"的男朋友、恋爱对象。"大美丽"选对象,就像在商店里买东西,同时拿起两个,挑一挑,比一比,最后选中了"表哥",王吉成了等外品、残次货,被淘汰了。"大美丽"确实在上个月与那位"表哥"登记了,但她有她的小算盘,就是这个底细不能过早地让王吉知道,让他知道的时间应该是把自己的替身——另一位姑娘介绍给他的日子。因为王吉过早知道了，容易干扰她的"战略部署"，坏了她的大事。

王吉被骗了，被耽误了宝贵的青春时光。面对这样的现实怎么办？不同的人，有不同的处理方法，当然后果也不相同。

王吉认为，"大美丽"不会无情地一脚把他踢开，出现这种情况一定另有原因，或者是误解。由于有这样的判断，他采取了"跟不讲理的人去讲道理"的愚蠢办法。他决定约"大美丽"好好谈一谈，指出她的错误，让她改正，争取挽救败局。

他跟"大美丽"说："恋爱，本来可能成功，也可能失败。我不是说不允许你和我断绝恋爱关系，我是说咱俩这边正恋着，你怎么就和别人登记了呢？"

"大美丽"跟他讲理，说："咱是讲道理的，我跟你说，咱都是年轻人，都懂婚姻自由，大道理咱就不说了。我跟小刘登记，别说你阻拦不了，就是我的父母也阻拦不得。咱俩相处这段时间，没产生矛盾，也没有隔阂，所以我说要对得起你，我已经答应，你的婚姻由我包下来，一定给你介绍一个好的，你看我够意思不！"

"我的婚姻是不是要由你包下来，这是另一回事，我也不是再找不到对象了。"

跟不讲理的人讲理，其结果只能是吵架。王吉跟"大美丽"继续争辩这件事的对与错。

"大美丽"说："你既然能找到对象，还来纠缠我干啥！我要给你介绍对象，也不是认为你再找不到了。我总感到我们相处一直不错,我不能只顾自己跟别人结婚、度蜜月,看着你光棍一个人。我不能做对不起你的事。"

"这事儿你能对得起我吗?我和你恋爱好几年,推辞了多少个媒人来提亲你知道吗?又有多少人知道咱俩在恋爱而不再来做媒?你既然不想和我处下去,已经和别人恋上了,为什么不及早告诉我?你拿我当猴耍,耽误了我这么长时间,欺骗了我的感情,怎能说没做对不起我的事呢?"

"不管怎么说,咱俩仅仅是在恋爱。恋爱,应该允许对方提出中断恋爱关系的意见。再说,我和小刘已经登记了。结婚登记,这是大事儿,事已如此不能改变了。为人处事,我不能出尔反尔。做人得有起码的信誉吧!"

王吉这才知道,跟这么个人讲理,是讲不清楚的。对牛弹琴,说明自己愚蠢。就此拉倒吧,王吉又觉得忍不下这口气,犹豫了两天,他决定去找"大美丽"的父母再谈一次。

一天,王吉趁"大美丽"在工厂工作就溜了出来,闯进"大美丽"家。二位老人都在家,王吉说明来意,他还没等把话说完,"大美丽"的父亲就说:"既然你知道我女儿跟别人登记了还来纠缠啥?"说完,不再理他,转身干自己的活儿去了,往日的热情没有了。他又跟"大美丽"的母亲谈。她母亲说:"我女儿已经跟别人登记了,以后你就别再来了,以免给我们带来不好的影响。一家女,百家求。姑娘大了,要嫁给谁,完全由她自己做主,她愿意和谁登记就和谁登记,只要不重婚,谁也管不了。现在都是婚姻自主了,我们当爹妈的怎好包办婚姻。"

王吉说:"我不是让你们包办婚姻,事已至此了,我是说，你们这么做不对。"

"大美丽"的母亲说："结婚以后还有离婚的，婚姻自由了，谈不上对不对。你没事儿走吧，别干扰我们正常生活。"

王吉没想到"大美丽"的父母会这样对待他，当场就跟他们吵了起来。他指着"大美丽"的母亲说："有其母必有其女。就你这个浑样能教育出明白姑娘吗？你们一家全是些浑球！"

"大美丽"的父亲见他骂上了，拽着他的胳膊说"你给我滚开"，一把就把他推出门外，随后把门插上。"大美丽"家是楼旁的平房，王吉在门外踹了几下门，门没坏，屋里的人不理他，他这才骂骂咧咧地走开了。

王吉跟他们讲理讲不通，他被骗了感到很窝囊。他想到了找单位领导，找街道居民委员会，找公安派出所，甚至是找法院，都不行，他们能管这种事吗？即使管，也就是批评"大美丽"几句，也改变不了"大美丽"已与别人登记的事实。他想来想去，最后做出决定：你们不讲理，我也来浑的，咱谁也别想好。即使我死了，临死前也要咬你们一口，出出气。

错误决定把他引向歧途，使他在失恋之后又遇到了更大的不幸。

他想报复"大美丽"，杀人、伤害，都想过了，但他不想放过"大美丽"的父母。一天深夜，人们都在熟睡中，王吉用自行车驮来两桶油，泼到"大美丽"家的门上、窗上，然后用打火机点燃。

"大美丽"家的房子是楼旁的平房，一面靠楼房，另外三面分别是一扇门和两扇窗。门窗同时起火，三面火苗立即包围了这座房子，王吉一看目的达到了，拔腿就跑，竟然忘记骑回自己放在现场的自行车。跑了一段之后这才想起自行车，但听到火海处一片嘈杂声，没敢回去。他想搭出租车，又一时没遇上，这时，一位下夜班的工人骑自行车从他身边路过。他一下子薅住人家自行车的货架，把车子拽倒，对那人高声恫吓："把车子给我！"那人死死抓住自行车不放，王吉踹他一脚，说："你要车子还是要命，还得我动刀吗？"那人松手了，王吉蹬上自行车飞快地向火车站方向骑去。

其实，失去了一个不爱自己的人，这是好事，没有必要进行报复。

王吉来到火车站，乘上一列去大连的列车，逃离沈阳。几个小时后他到了大连，出收票口时，几个警察好像早就等在那里，对他进行盘查。王吉做贼心虚，撒腿就跑，迎面来的警察迅速给他戴上手铐。

原来，"大美丽"家的门窗起火后，全家人立刻起来扑救。邻居们既怕殃及自己，又觉得应该相助，便纷纷都赶来了，大家一起动手，很快就把大火扑灭。别说现场留下了王吉的自行车，就是没有这辆车子，"大美丽"家也怀疑这是王吉干的。他们立即报案。

王吉放火后又抢劫自行车，他犯了两种罪，每种罪最轻也是在三年以上判刑。按照数罪并罚原则，他被沈阳市铁西区人民法院判处有期徒刑6年。

一场大火之后，"大美丽"家换上了新门窗。新门窗为

"大美丽"的出嫁增添了新气氛。就在"大美丽"吃喜糖、度蜜月的时候,她过去的恋人——王吉,开始了高墙内的囚徒生活。

恋爱对象要挑选,切忌一脚踩两船。
失恋不可头脑热,杀人放火成罪犯。

怜悯歹徒

辽宁省台安县韭菜台乡的农民姜老汉晚上在家睡觉,睡到凌晨一两点钟,被猪圈里的猪叫声惊醒。他纳闷:深更半夜,猪也睡觉,圈里面的这两头猪怎么会突然叫起来呢?他想到,是不是有贼来偷猪。他赶紧下地穿上衣服,拿上手电,一路小跑奔向猪圈。他打开手电,看见一个人已经打开猪圈的圈门,用绳子套猪的腿,想往圈外赶猪。

姜老汉定眼一看,认识他,就说:"好小子,是你呀!陈林你干的这叫啥事!"

偷猪人停住了手脚,因为他已经被认出来,还被叫出了姓名,所以也没跑,就站在猪圈里犹豫起来,想下一步应该怎么办。姜老汉继续骂他:"你王二小放牛,不往好草赶了。你偷别人的东西我不管,你竟然偷到我头上来。我非得报案不可,让你到监狱里蹲几年!"

偷猪贼自觉理亏,没什么好说的,他想到,如果把这件事报告给派出所,即使不给很重的处罚,在全村里传扬开,也是个不体面的事。他"噗通"一声跪倒在姜老汉面前,摇尾乞怜悲声告饶,说:"爷们儿你高抬贵手,千万别去报案。你要是去报案,或者是一声张，可就毁了我。咱们都是本村住的，低头不见抬头见，说啥你也得开开恩。求求你了！我现在立刻就走，你什么东西也没损失，咱俩还像往常一样，和平共处，你没有必要把我弄得死去活来。因为我已经承认我错了，我向你赔礼道歉。"

姜老汉看他这个20多岁的小伙子，年轻不懂事，跪在地上，老老实实的，挺可怜，心想，反正没把猪偷走，我什么也没损失，就对他说："你以后不仅不要偷我的猪，也不能偷别人的东西。"

陈林连声说："是，是。我谢谢你。"然后灰溜溜地离开了。

他把陈林放了，认为此事至此了结。可是，树欲静而风不止。可以想得出，当时陈林到他家偷猪，是凌晨一两点钟，夜深人静，这个时候他的两只猪一叫，随后姜老汉与陈林又有一段对话，东西两院的邻居听得明明白白、清清楚楚。好事不出门，坏事传千里。这事不需要姜老汉和陈林在村子里向别人述说，时过数日，村子里就传遍了陈林到姜老汉家偷猪的事。

陈林的父亲听到了，怒气冲冲地问儿子："你说实话，你是否到过老姜头家偷猪？有没有这事？"

他儿子拍着胸脯说："绝对没有，我敢对天发誓。"他父亲听后立刻来到姜老汉家，怒不可遏，指着老姜头鼻子，声嘶力竭地吼叫着："你凭什么给我儿子造舆论，说他到你家偷猪。再说，猪能偷得了吗？猪嗷嗷直叫，怎么偷？你必须为我儿子脱'贼皮子'，为我儿子洗净身，不然的话咱俩没完。"

姜老汉说："我成全了你们，你们不领情，不道谢，反而找上门来倒打一耙。事情到底怎么回事，你回家问问你儿子就知道了。"

"我早就问过了,他说压根就没有这回事!"

姜老汉一听,气得半天说不出话。他拽着陈林父亲的衣服领子说:"我就给你造舆论了,咱们去找村里治保主任,让他来解决,你看他能把我怎么样!"

两人争吵到村治保主任那里。常言道"捉奸见双,捉贼见赃",姜老汉浑身是理,就是没有证据。你说陈林到你家偷猪,证据在哪?你把证据拿出来。姜老汉拿不出证据,翻来覆去就是那句"那天夜里他到我家偷猪,让我当场抓住了",但陈林不承认。这让治保主任没法解决,只好把此案推给派出所。

姜老汉万万没想到,放了偷猪贼,反被诬陷自己瞎造舆论。派出所的人在处理这起案件时,不仅听取了姜老汉说那天晚上捉到陈林偷猪的述说,也听取了陈林关于没偷猪的辩解。谎话怕调查。究竟谁说的是事实,派出所的民警对姜老汉东西两院的邻居进行了详细了解。这些邻居都说,那天夜里,不仅听到姜老汉家猪圈里的猪叫,还听见姜老汉跟陈林俩的对话,并且把他俩对话的内容告诉给派出所民警。派出所民警收集到了这样的证据,再一次找陈林问这件事,陈林蔫了,不得不招供,承认自己到姜老汉家偷猪未遂。

公安机关根据《治安管理处罚法》的规定,对陈林进行了处罚。尽管如此,还是把姜老汉气坏了,他说:"当初没把陈林送到派出所,如今肠子都悔青了。"

 对坏人不可留情怜悯,对坏事不可姑息养奸。

见利忘义

谢一迪29岁,张生泰27岁,他俩都是浙江省永嘉县贺胜乡的农民,关系很好,亲如兄弟,情同手足。为了多挣钱,他俩结伴同行,来到辽宁省本溪市弹棉花做被套售卖。

到本溪市以后,他俩分头经营,各自挣钱。谢一迪暂住本溪市的牛心台地区,每天辛勤劳作,弹制的被套精益求精。他把产品先后拿到市内的环球商场、商业大厦等人流比较密集的地方去销售,由于质量好,很受消费者欢迎,因此销售量很大,很快挣了不少钱。

张生泰弹制的被套质量也很好,质地柔软,颜色洁白,薄厚均匀,但他由于找不到良好的销售地点,一时打不开销路,钱挣得不多。这使他认识到,经商做买卖地理位置很重要。他看谢一迪挣了很多钱,垂涎欲滴。他也把自己弹制的被套拿到商业大厦,在人员密集的地点销售。很快,他也打开了销路,售卖数量大幅提升,他欣喜若狂。

他到这里售卖,吸引了不少顾客,但影响了谢一迪的买卖,谢一迪心里很不是滋味。

同利是朋友。在利益发生冲突时,两人的关系开始发生变化。谢一迪开始考虑，是不是应该让张生泰到别的地方去售卖，因为这个地方是自己首先发现的，并且在这里已经打开了销路。他犹豫再三，终于克制不住自己就对张生泰说："环球商场和商业大厦这个地方是我首先发现的，我知道这里的顾客多，人员流动量大，我首先占据了这里。我在这里销售被套已经打开了销路，你不应该来抢我的地盘，你还是回到别处去售卖吧。"

张生泰觉得两人关系一直很好，他怎能说出这种话呢？一向为人做事唯唯诺诺的张生泰内心虽然不高兴，但还是说："行，以后我不来了，把这个地方让给你。"

张生泰离开这里，到别的地方去，销售量马上下降，收入立刻减少。他就想还是应该回到繁华的环球商场、商业大厦附近去售卖自己的产品。他觉得，谢一迪不让他去有些不讲道理。因为经商做买卖以质量取胜，应该用产品质量招揽顾客，以服务态度吸引顾客，在产品质量和服务态度等一些方面互相竞争，不应该自己独霸一处不允许别人到这里经营。于是，他又把自己弹制的被套拿到那里。

谢一迪见他又回来了，就说："你这个人怎么这么不讲道理呢？这里是我开发的地盘，我一直在这里做生意，你怎么总来抢我的地盘？本溪市这么大，商场、商店、超市这么多，你是不是成心想找事！"

张生泰拙嘴笨腮，在背后他想出自己有很多理，但一受到谢一迪的批评与指责，就不敢言语了。他说："你卖你的，我卖我的，顾客愿意买谁的就买谁的。"

谢一迪说："你再说一遍！是不是应该有个先来后到？

是我首先在这里打开了销路,这里的顾客首先相中了我的被套。我不是不让你在本溪市售卖,本溪市这么大,你不好到别的地方去开发新地盘吗?"

张生泰又没词了,他说:"这个地方离火车站近,也是人员密集的地方。你要是实在不让我来,我把手里积压的这点商品卖完,我再也不来了。"

张生泰回来后,总觉得谢一迪不讲道理。环球商场和商业大厦也不是你谢一迪家的,难道只允许你到这里来推销被套,就不容许别人来吗?这是典型的欺行霸市。你不让我到这里来,这是欺人太甚。他心里一直不服气,于是,就第三次来到这里售卖被套。谢一迪看见了,不再跟他言语,上去就打他一巴掌,说:"滚!你给我滚!"

同是一件事,各讲各的理。谢一迪不让他来有自己的道理,张生泰到这里来售卖被套,也有自己的理由。两人都站在自己利益的角度说话,谁也说服不了谁,问题得不到解决,矛盾越来越尖锐。

张生泰不服他,第二天,也就是到了12月29日这天上午,他又来卖。谢一迪一见,顿生怒气,他慢慢靠近张生泰身后,掏出尖刀,从他身后狠狠地捅了一下。张生泰回头一看,是谢一迪。他一是认为自己身材矮小,打不过他,二是自己已经挨了一刀,不能跟他厮打,就立刻往商业大厦里面跑,没跑多远就栽倒在地。人们把他送到医院紧急抢救,终因流血过多,未能抢救过来,他离开人世。

发生了人命案件,人们立刻把这个情况报告给公安机关。数日之后,谢一迪在本溪市草河口镇的一个农民家中被抓获。

戴上手铐的谢一迪这时如梦初醒：为了争夺市场，多赚几个钱，害死老乡，违法犯罪，他后悔不已。

同利是朋友，利益冲突便成仇。
利益看太重，不择手段酿悲剧。

赌徒拼命

汪聪是辽宁省鞍山市红旗拖拉机制造厂工人,他犯罪那年31岁。汪聪长得英俊潇洒,他儿子也长得虎头虎脑,逗人喜爱。跟许多家庭一样,孩子是"上帝",是"宝贝疙瘩"。夫妻俩闲着没事儿时总爱逗着孩子玩儿。可以说,小家庭温暖、幸福。后来这个小家庭怎么毁了呢?就怪汪聪,是他在人生道路上走错了一步。

说汪聪爱耍钱确实有点委屈他,因为他玩起来输赢最多也就是三五百元。开始时,他跟别人玩扑克,觉得不赢点儿什么空磨手爪子没意思,先是谁输了谁拿钱买瓜子、水果,买回来输者、赢者一起享用。再后来就是买香烟,接着就是10元、20元甚至是100元地赌上了。

厂里对职工管理很严。保卫科知道了,科长亲自找汪聪谈话,批评他、教育他。科长说:当工人的,工资来得不易,输了怎么回家见老婆孩子;如果把别人的钱赢来,给别人造成困难,自己花起来就那么心安理得吗?我们中华民族,把勤劳节俭当作美德,有史以来人们就把"吃""喝""嫖""赌"四个字连在一起,认为做这些事不光彩。一个好人,干吗往这几个字上沾？没事儿了咱不要求你非得去学雷锋，做好事，在家做家务、看电视、逗逗孩子玩儿不行吗？怎么非得几个人凑到一起，赌呀赌呀，多没劲啊！

汪聪觉得科长的话句句在理。他被批评了，下不来台，把科长桌子上一张8开的大白纸拿过来，猛地咬破右手中指，当着科长的面写下一份血书，保证今后永远不赌博了。科长说："这倒不必，只要你有决心改正，何必把手指咬成那样呢！"

汪聪写了血书之后，确实好了一阵儿，赌场上见不到他的踪影。

有一年初冬，他儿子突然患了大脑炎，汪聪愁坏了。小儿子住进医院，爱人整天在那儿护理，汪聪下班就得往医院跑。

同车间有个工友告诉他，乌龟肉能治大脑炎，偏方治大病，可灵了！江苏那边产得多，乘火车到徐州，下车一打听准能买到。病急乱投医，他信了，跟别人借了几个钱直奔江苏徐州。很顺利，在那附近买了9只，接着就赶紧返回鞍山急忙往医院送，想交给他爱人。

他提着这兜乌龟，在鞍山一个汽车站等车准备去医院时，身后有人问他："唉！伙计！上哪儿去呀？"

他回头一看，是原先跟他在一起赌钱的王大勇，就说："上医院，我儿子住院了。"

王大勇拍拍他肩膀，说："这趟车刚过去，下一趟得等半个点儿呢，走！先上咱家玩两把。"

以前，他们常在一起赌博，对"玩两把"是什么意思，不需多说，汪聪立刻表示不去。王大勇劝他："走吧！只玩一会儿，车过来你就走。"汪聪还是不去。

王大勇没趣，又说："你在这儿站个啥劲？连个坐的地方都没有，到我家坐一会儿不行吗？下趟车一来，坐在我家沙发上就能看到，你从屋里往外跑都来得及。"为了买这几只乌龟，汪聪有好几天吃不像吃，睡不像睡，确实很累，也想找个地方坐一坐。听王大勇这么一说，再加上王大勇拽他，他去了。这一步走错了，毁了他一生。

王大勇一进屋就拿出扑克牌，要跟他玩两把。汪聪无奈，只好声明："不管输赢，只要汽车一来，我扔下牌就走。"王大勇说："可以，可以，你要不玩了，我还能绑你啊！"

在人生道路上，决定命运的往往是关键几步，一脚不慎，就会滚进万丈深渊。汪聪又离开了做人的正确轨道，再次开始赌博。

这一次他偏偏不走运，一连输了好几把。跟所有赌徒一样，输了就想往回捞，汽车是否过来他也不看了。一定能捞回来吗？当然不一定。结果他把身上所有的钱都输了，共输700元。输完傻眼了，心慌、冒汗、手足无措。他两眼发直，不甘心离开这里。他确信假如兜里还有钱，再赌几把一定能捞回来，然而他身无分文。

王大勇看得明白，说："你把那兜乌龟卖给我吧！"

汪聪一听这话，心里立刻凉了半截。真是天下乌鸦毛都黑，各地赌徒眼都红。他瞪了王大勇一眼。王大勇说："你花多少钱买的？我连路费一起给你，卖不卖？只要你有了钱，再玩两把，还能总输啊？赢了，我再卖给你。"

汪聪犹豫一下，说："卖就卖。"赌钱的人输了不服气，都确信自己会赢，汪聪没例外。他用卖乌龟的钱继续跟王大勇赌。他不想赢王大勇的，只要能把输的钱捞回本来就行。然而事与愿违，他又输了那兜乌龟。他想大哭一场，但忍住了。这时他心一横，脚一跺，下了决心：男子汉大丈夫，一不做，二不休，干到底了！他跟王大勇借钱，要再赌下去。王大勇微笑不语，他就苦苦哀求。王大勇说："你跟别人借，借回来咱俩继续玩儿，我等你。"

王大勇不借，他不能往回捞了，就考虑回到医院怎么向妻子交代。后来，他撸下手表向王大勇哀求说："你把手表留下，把乌龟还给我吧，这是给儿子治病用的，你要它也没什么大用。"

王大勇发了善心，把手表接过来端详一下，戴在左手腕上，说："行，把这兜乌龟还给你，但我得拿出2只留着玩儿。"汪聪只好同意。

汪聪拎着7只乌龟灰溜溜地来到医院，进了病房，见儿子昏睡在床，吊瓶里的药液，正一滴滴流进孩子的静脉。妻子坐在一旁，蔫得抬不起头。他对妻子一句话也没说，转过身就面对墙壁哭起来。

是悔恨、委屈，还是难过、对不起妻子和孩子，他说不清。妻子来劝他："大夫说了，咱儿子还不至于有危险……"

过了两天，汪聪的心情还是平静不下来。输了那么多钱，他在想：难道就不会有赢的时候？不知怎的，他有一种预感，认为现在去找王大勇再赌几把，一定能赢回来。他趁爱人不在屋，拿了爱人衣兜里仅有的470元就去找王大勇，不料又输了。他不甘心，以给孩子治病为由，从邻居家借来300元也输了。这一回，他输得山穷水尽，连借的地方也没有了。他无精打采，坐在王大勇家像个傻子。

王大勇说："出去再借点儿，打扑克没有总输的。"汪聪说不出话，起身要走。这时他突然发现王大勇左腿下有两张牌露出一角。他一下子给拽出来，气极了，冲着王大勇吼起来："你说！这是怎么回事！"

"刚才掉的。"

"不对！它怎会掉到你腿底下？"

"我腿刚压上。"

他俩你一句、我一句吵起来。在争吵中汪聪这才看清赌徒的眼睛是红的，心是黑的，手段是恶劣的。他们用卑鄙的伎俩把别人流血流汗挣的钱，毫不留情地占为己有，这就是变相地偷，不用暴力地抢。赌徒的笑声，是用别人的痛苦和泪水换来的。

晚上汪聪睡不着，在心里跟王大勇打架：不管是输多少，就是卖房子我也给，可是你不应该捣鬼骗钱。十赌九诈，怪不得我总输，原来是这么回事。要是这样，再赌几把，有座金山也能输进去。你骗去这些钱我不能白给你，咱俩得说清楚。我不是那么好欺负的，你要不给，我就给你点厉害瞧瞧，要不，你总认为我好欺负……整整一个晚上，他没睡着，天刚亮就穿上衣服，顺手拿起一把羊角锤去找王大勇要钱。

这是初冬的早晨，漫天飘起细碎的小雪，地上薄薄地盖了一层。王大勇家是平房，家里没人时，总是在门外用明锁把门锁上。也许王大勇该着要送命,这天早晨他妻子上早班,临走时,见王大勇睡得正香,也没喊他起来插门,更没从外边把门锁上,汪聪很顺利地拽开门进了屋,直接站到了王大勇床头。

"喂!起来!咱俩谈谈。"

王大勇睁眼一看是汪聪,知道是来要钱的,就说:"谈什么?"

"我的那些钱不是你赢去的,是骗去的,你得还我。"

"你可拉倒吧!像个小孩儿似的,回家让你老婆骂啦?"

"你给不给!"

"我睡觉,不想搭理你,你愿上哪儿告就上哪儿告!"

此时汪聪右手握着羊角锤的锤头,锤把藏在衣袖里,王大勇没看到,也没提防,说完就转身闭眼要睡觉。

汪聪气坏了,知道再怎么说也没用,就想拼命。他慢慢把羊角锤拉出来,照着王大勇的太阳穴狠狠砸去。接着就像敲鼓捣蒜,一下接一下急促地向他头上砸,一直把他打得一动不动了才住手。

汪聪放下锤子就满屋翻钱,费了好大劲儿才翻到720元。他不知王大勇妻子上哪儿去了,怕她回来遇上,就拿着钱匆忙离开这里。临走时用房门拉手上挂的一把黑锁,把房门从外边锁上。

王大勇死于颅脑损伤。出了人命案,公安机关很快就把汪聪抓去了。鞍山市中级人民法院根据本案的具体情况,以抢劫罪判处汪聪死刑,缓期两年执行,剥夺政治权利终身。

汪聪受到法律制裁；他的儿子没死，也没留下后遗症；他妻子不想改嫁，决心一个人把孩子养大，等汪聪刑满释放回来再共同生活。

赌博桌上是非多，一日不戒终有祸，
时间钱财皆是小，搭上性命酿大错。

挥泪杀母

"孙长太挥泪杀母"案件，是我在辽宁省高级人民法院工作29年中，承办的一起最让我揪心的案件。多少年过去了，每想起这起案件心情都会极为沉重。

他杀死了母亲和两个哥哥，十恶不赦，不判他死刑，真的于心不甘；可是，当真的判处他死刑时，又于心不忍，因为他太可怜、太可悲了。他被枪毙，我一连好多年心情都没平静。

孙长太家住辽宁省大连市辖区内的瓦房店市（县级市）太阳升乡。20世纪50年代，他出生了，刚来到人间就成了名声不好的"富农子弟"。因为他家的成分是富农，这不能怪他，更不能说他个人努力不够。

他生在农村，那时农村生活相当艰苦，现在的人无法想象。他逐渐长大以后发现自己家太穷，房屋低矮、破旧，只有三间，是用比拳头大不了多少的小石块垒起的。家里除了他以外，还有母亲、大哥、二哥，母子四人相依为命。每天都是老母亲做好了饭，端上来，这哥仨吃完就上生产队里干活儿。

那时农村还有生产队，干完活儿回来，老母亲在家已经把饭做好，他们进屋就吃。按理说，一家三个棒小伙子挣钱，日子应该很富裕，生活也一定会很好，但事实并非如此。

那时，正是"文化大革命"时期，他们家又是富农成分，孙长太的母亲当然就是"富农老婆"了，他们哥仨，没什么可说的，统统是"富农子弟"。凡是从那个时期过来的人都知道，在"文化大革命"中，"富农老婆"和"富农子弟"所处的社会地位是怎样的。孙长太他们哥仨都是在中华人民共和国成立以后出生的，都没看到父亲、祖父是怎样剥削穷人的，自己当然更没去剥削他人，但这个家庭成分却害得这哥仨好苦。

哥三个，都是青年人，谁也娶不上媳妇。这还不说，在生产队总是干那些最脏、最累、挣工分最少的活儿。别人可以挑挑拣拣，他们敢吗？他们村是个穷山村，人多地少土质差，产量低，再加上那阵子总喊"割资本主义尾巴"，就连贫下中农养鸡、养鸭、养羊、养猪也有数量限制，养多了就是走资本主义道路，何况他们还是富农成分，什么也不让干，什么也不敢干。

有劲儿使不上，挣不到钱，日子穷得揭不开锅。他们吃的饭，顿顿是玉米面粥。老母亲因为不去生产队干活儿，总是喝了一碗就说饱了，刷碗时，又总站在锅台边，用铝饭勺把碗呀、盆呀，刮了一遍又一遍，然后伸出舌头，舔净勺上刮下的剩饭残渣。日子一久，饭勺刮成了半圆形。三个棒小伙子饭量大，每年春季，小苗刚出土，他们家就断了粮。别人缺粮可以到生产队去借，他们不行。生产队库存粮食有限，谁敢照顾"富农老婆"和"富农子弟"呢？为了不挨冷眼，不给队长找麻烦，他们只能求亲告友，去要、去借，再就是用野菜和早熟的土豆充饥。再看屋里的摆设，摇摇欲坠的房子里空空荡荡，除了锅、碗、瓢、盆和一个碗柜、一个木箱之外，什么东西也没有。到了夏季还好过，尽管蚊蝇叮咬得厉害，但总是可以熬过来；到了冬天，那个苦日子没法熬。孙长太和二哥盖一床破被，常常被冻得像两只虾，在被窝里佝偻着腰。在这个破被窝里，孙长太不知流了多少泪。不要说哥仨都娶不上媳妇，就是顿顿能喝饱玉米粥，晚上每人有一床破被盖也很难满足。看看母亲头上的白发和脸上的皱纹，看看她饿得没有血色的灰突突的脸，孙长太的心都碎了。这样的穷日子，还能有尽头吗？至于上学读书，或者是到哪个地方打工挣钱，这是连想都不敢想的事。

日子实在过不了，村里人冒着危险，把孙长太送到公社办的砖厂当工人，以便他每月能挣回几个现钱，买点儿柴米，维持一家人的生活。那时"文化大革命"还没结束，阶级斗争、路线斗争天天抓。孙长太到砖厂不久，砖厂党支部就遭到了大字报的轰击，说这个砖厂是"资本主义砖厂"，砖厂党支部"阶级路线不清"，贫下中农子弟不用，偏偏招个富农子弟……党支部书记没办法，只好对孙长太说："你先回生产队干活儿，等以后有适当机会，再回来。"

孙长太被辞退了，生活上的贫困、政治上的压力，使这个年轻小伙子抬不起头，一连好多天没脸出门。为什么被打发回来了？怎么向人们解释？

孙长太被辞退，生活更加困难不说，老母亲又一次感到，他们一家确实比别人矮一等，内心的悲伤无法掩饰地在她脸上表露出来。她没有笑容，没有言语，有的只是无可奈何地长吁短叹。后来孙长太在法庭上说：他自己，生活再苦、压力再大，也能挺过来，可是，看到老母亲在精神上受折磨，生活上受饥寒，心如刀绞，实在受不了。

看到亲人受苦是最痛苦的事。贫困中的孙长太忍受不住了，他常想：母亲、大哥、二哥，咱们在人间，政治上忍辱受压，毫无社会地位，出了门，跟别人说话都可能给人家带来不好影响；生活上家徒四壁，一贫如洗。我们在社会上既然没有位置，为什么还死皮赖脸地活着呢？

人在走投无路的困境中，最容易头脑发昏。孙长太在许多个夜晚，坐在炕上流泪长叹。他在想，怎样才能摆脱这种困境呢？实在没有办法。他想死，又怕给其他三位亲人带来痛苦。他想四个人一起死，服药？哪有钱买药？死都死不起。又是一个晚上，孙长太独自坐在炕上流泪。月光透过窗户，照在熟睡中母亲、大哥、二哥的脸上。这三张脸，恬静安详。他看着看着，竟悄悄地下地来到厨房，把灶坑里放的一把扒灰用的掏耙拿进屋。这掏耙是柞木的，沉甸甸。他来到母亲头前，借着月光细看了看母亲头上的白发、脸上的皱纹，他擦掉脸上的泪，闭上眼，然后咬紧牙关，一狠心，把掏耙高高举起，朝老母亲头上狠命地砸下去。接着又朝大哥、二哥头上猛打。一共砸了多少下，他自己说不清，他只是说我怕他们不死会增加更大的痛苦，就砸到我没有力气为止。这三人都没醒，在熟睡中就停止了呼吸。

杀了三位亲人，孙长太穿上衣服，关上门，连夜爬到村西的山顶，想从悬崖上栽下去自杀。在山顶的石崖上，他坐了好一会儿。亲人们再也不会受苦了。这时，他感到好像去了一块心病，心情平静了许多。天上闪烁着星光，远处传来蛙声鸟鸣，孙长太吸着带有浓郁土香和青草气息的新鲜空气，他从来没有感觉到大自然这样美；低头看看悬崖下黑咕隆咚的山底，他却步了。他开始考虑，是栽下去呢还是不栽下去。犹豫到雄鸡报晓，东方发白，他拖着沉重的脚步回家了。看见母亲、大哥、二哥凄惨的面孔，看看他们脸上的斑斑血迹，他没哭，也没吃没喝，只是呆呆地坐了一天。到了深夜，他在院内猪圈里挖个大坑，把三具尸体埋上。过后，他对村上人说：母亲领着大哥、二哥去黑龙江亲戚家了，到那里去谋生。有谁能想到这三个人已经被他杀了呢？没人追查，孙长太一个人活了下来。

"文化大革命"结束后，没人再叫他"富农子弟"了，孙长太也不再因为是富农成分而受人歧视，他和正常人一样，享受国家公民的一切权利。这还不说，居然有人给他介绍对象，让他娶上了媳妇，生活逐渐好起来。能吃饱穿暖，还能看上电视。连做梦都想不到的巨大变化，使他常常后悔不已：如果不把母亲和两个哥哥打死，他们活到现在，享受人间幸福那该多好！他觉得自己是个人间败类、亲人中的魔鬼，是个连猪狗都不如的蠢货！

后来他要迁居别处，为了不暴露罪行，必须把猪圈里的尸骨处理好。怎么处理呢？他采取了"化整为零"的办法：在一个漆黑的深夜，他跳进猪圈，把三具尸骨扒出来，装进麻袋，然后背着麻袋漫山走。走几步，扔一块，星星点点撒到沟壑里、树丛中。最后剩下麻袋，往哪儿扔呢？这时他走到村边果树旁一眼土井附近，摸了摸麻袋，里边只剩几块了，就捡两块石头，装进麻袋，包一包，捆结实，连麻袋一起扔进井里。

由于尸骨零散，人们偶尔在山上见到一块，也弄不清是什么骨头，当然也就没引起人们注意。孙长太逍遥法外了。

人在做，天在看。上天不会让作恶的人逍遥法外。有一年春季辽南大旱，孙长太倒霉的时候到了。有个妇女挑水浇果树，由于井里的水位下降，水桶挂上了那个麻袋包。包里有石头，很沉，这个妇女拔不动，就喊附近的人："快！帮一把，水桶挂着什么东西了。"麻袋包和水桶一起被拉上来，大家都抢着解包，想看个究竟。包被打开，里面是两块石头和九块长短不齐、大小不一的骨头。大家面面相觑，惶惑不已。"什么骨头？怎么回事？"大家争先恐后地议论起来。

麻袋被送进公安机关，经过鉴定，是人骨，而且是60岁以上小脚女人的脚骨和腿骨。经分析认为，不会是外省市人从数百里、数千里之外，把这个麻袋包拿来扔到这里，很可能是附近人干的。谁家的老太太被杀或者失踪了呢？人们历数各村各户，只有孙长太的母亲下落不明，很值得怀疑。于是，孙长太被带到了公安局接受讯问。

孙长太没作狡辩，一五一十地说了实话。大连市中级人民法院以故意杀人罪判处他死刑，宣判后他上诉，说："我把妈妈和两个哥哥杀死了，因为我太爱他们，不忍心看着他们过苦日子。由于我的母亲和两个哥哥都死了，全家只剩我一个，如果把我再枪毙了，就满门灭绝。希望法院留下我。"

他提出的不是理由的上诉理由，虽然引起了辽宁省高级人民法院法官们的同情和重视，但《刑法》没有规定在困境中犯罪应该从轻处罚，想不判他死刑找不到法律依据。

 一念天堂，一念地狱。

自行搜查

每年秋天，辽宁省建昌县老达杖子乡总会有一些采购苹果的商贩到这里采购苹果，然后运到吉林省、黑龙江省去贩卖，从中赚取地区差价。

马宝俊是这个乡的果农，46岁，聪明过人。他认为，今年辽西的苹果大丰收，个头大，色泽好，一定会比往年卖出高价。到了秋天，他就自己在当地收购，他自己家也收获了很多苹果，他就用大苹果筐把收购来的和他家自产的苹果一筐一筐装好，放在院子里，准备用汽车运往吉林省、黑龙江省去贩卖。

马宝俊在当地收购了许多苹果，装苹果的大筐几乎把他家的院子占满，他把这些苹果筐数了一遍又一遍，足足可以装两汽车，他开始找汽车外运。

谁能想到，一天夜里，窃贼闯入他家，偷走了他家院子里8筐苹果，而且这8筐苹果是他家自产的最好的一部分。马宝俊见状十分气愤。他在院子里、大门口、大街上细心观察，没发现任何痕迹和疑点。一筐苹果60斤，偷这么多苹果肯定得用车。可是，夜里他没听到汽车响，肯定用的是手推车，一手推车正好能装8筐苹果。用手推车推不了多远，肯定没出这个村子。基于这样的判断，他站在东西两院的大门外，向院子里望了望，觉得东西两院的邻居不像偷了他家苹果的样子，于是就准备在村内自行搜查。

他觉得自己到人家搜查有些不妥，就把自己家丢了苹果准备在村内进行重点搜查的想法跟村长说了，并且说："村里发生了盗窃案，村里能不能派个村干部，比如治保主任或者其他人帮助搜查一下？"

村长说："你家丢了这么多苹果，赶紧向派出所报案。"马宝俊没报案，也没等村里派人帮助他搜查，他认为这样做太麻烦，就自己在村内展开搜查。

马宝俊搜查了十多户以后，搜查到第15家时碰钉子了。他到果农赵希鳌家搜查时被拒绝。赵希鳌问他："你到我家来干什么？"

"我家昨天晚上丢了8筐苹果，我挨门挨户看一看，我已经看了好几家，没偷我苹果的人都希望我搜查一下，免得担嫌疑。"

赵希鳌说："你要来做客，欢迎你进屋坐一坐，我给你倒水、沏茶、递烟。你要是来搜查，这是侮辱我。另外，别说是你，就是公安人员来搜查也得亮出搜查证。你这个人也太不懂事了，随便到人家搜查行吗？"

马宝俊说："我已经搜查了好几家，那些人没有意见，而且有的还表示希望我里外查一查，证明他们清白。到你这里不让搜查，这就说明你家有问题。越是不让搜查，我越是要看一看。你既然没偷我苹果为什么怕我搜查？"

赵希鳌说:"跟你这种浑人讲不清道理,你去把村长、村支书找来,你让公安人员来搜查。"

马宝俊说:"我去找人这工夫你就把赃物转移了。"

一个要搜查,一个就不让,两人越吵越激烈,最后竟辱骂、厮打起来。由于是在赵希鳌家的院子里,赵希鳌妻子也参战。在厮打中,赵希鳌的妻子鼻子被打出血,脸部被打肿。后来邻居赶来给拉开,搜查停止了。

赵希鳌妻子被打伤,马宝俊被村里的干部批评后表示愿意拿医疗费。赵希鳌说:"事情那么简单吗!我把你妻子打伤,我给拿医疗费,这事儿就能了结吗?"

对伤者,经过法医鉴定,系轻微伤,不构成犯罪,也只能由打人者负医疗费。可是,赵希鳌没有善罢甘休,他到公安机关控告,说:"马宝俊擅自搜查多户人家,造成恶劣影响。不仅如此,不听劝阻,无法无天地打伤他人,其行为构成非法搜查罪,必须受到法律制裁。如果如此严重的非法搜查不构成犯罪,那么,还有什么能构成非法搜查罪呢?"

由于赵希鳌的控告,公安机关经过立案侦查,情况属实,将马宝俊抓捕归案。法院经过公开审理,认定马宝俊犯非法搜查罪,根据其犯罪动机和具体情况,判处其有期徒刑一年,缓刑一年。

处事不按法律办,就会遇麻烦。

报恩的人

马媛,是辽宁省黑山县八道壕乡的农村中年妇女。3月17日傍晚,她在自家猪圈门口喂猪。这时有人来问:"麻烦大姐,我打听一下,王奎家在哪儿住?"

马媛抬头打量一下这个陌生人,见对方是个年轻英俊的小伙子,西装革履,彬彬有礼,就说:"我是王奎的爱人,你找他有什么事?"

这个人说:"我想见见他,感谢他,他曾经帮助过我。"

马媛问:"你是哪的?"

"我是辽中县于家坊镇的,叫张锦胜。春节前,我在大虎山火车站旅店认识了王奎大哥。当时,因为跟几个哥儿们打扑克,手气不太好,把钱输光了,回家没路费,没办法,我就想把我的一个皮兜和一件棉大衣卖了,换点路费好回家过年。我正在旅店里叫卖,王奎大哥看见了,知道我卖这两样东西的原因,就说,'兄弟,天气这么冷,你把大衣卖了咋办。你不就是缺少路费没钱回家吗,出门都不容易,你缺多少,我给你补齐。这件大衣别卖了。'我说,也缺不了多少,就缺十几元钱。王奎大哥当时给我20元。我接过这个钱,心里热乎乎的。我们素不相识，很受感动。人在困难时得到别人帮助，一辈子不会忘记。我让大哥留下地址，我说，'我有机会一定报答你。'我手里这张字条就是王奎大哥给我写的。"说着，他从兜里掏出一张字条给马媛看。

马媛心里纳闷：从这个人的打扮看，不像是农村人。马媛说："你大哥以前跟我说过这件事。人在外遇到了困难，帮一下，也不算什么事，用不着感谢。外边挺冷的，你要见他，他一会儿就会回来，你先进屋坐一会儿吧。"

张锦胜讲的这件事是真实的，他在最困难的时候，王奎确实给过他20元钱。王奎当时只是觉得一个人出门在外，遇到了困难，应该帮一把。帮的目的，一不是为了出名，二不是为了回报，只是觉得遇到他人有困难，自己有能力帮助时就应该帮一把。

这种想法和做法是对的。可是，当时他犯了一个错误，即：帮助他人不是为了求得回报，那么为什么要给人家写下字条，留下住址呢？切记，帮助他人，不要为了求得回报；如果要跟他交朋友，也必须对这个人有所了解。人在一生中遇到了麻烦，甚至是遇到了悲剧，都与自己一时的错误行为有关。

不一会儿，王奎回来了。看见屋里坐着一个陌生人，先是一愣。张锦胜说："大哥回来了。"这时王奎才想起他曾经给过这个人20元钱。

张锦胜在屋里坐了能有两分钟，王奎就对妻子马媛说："你赶紧做饭。"

这又是一个错误。对不了解底细的人，为什么要做饭留客款待他呢？当时已是傍晚，如果留这个人在家吃饭，吃完了天就黑了，村里又没有旅社，这个人晚上住在哪儿？这些问题，王奎没细想。人无远虑，必有近忧。

招待客人，不能光吃饭、吃菜，免不了要喝酒。一喝酒，话就多。王奎见张锦胜是来报恩的，认为只是一件小事就记在心上，专程来答谢，觉得这个人可交，俩人唠起来就没完没了。王奎真有与其相见恨晚之感。

助人不是为了回报，但一听说是来报答帮助之恩，王奎则喜笑颜开。他们唠得很投机，马媛也不能冷淡，频频劝酒、让菜。这几个人酒足饭饱之后，天色全黑下来，王奎不得不对张锦胜说："今天已经晚了，你就住在我家，明天再走吧。"

他们家是火炕，火炕的炕头很热，很暖和，当时天冷，炕头是最佳位置，他们把这个位置让给了张锦胜。第二位置是王奎，中间是王奎的两个孩子，马媛睡在炕梢。

王奎一家躺在炕上，一会儿都睡熟了。张锦胜看见马媛上炕脱衣睡觉，就像馋猫看见了鱼，馋得一直不能入睡。他在想入非非：怎么才能贴近马媛。半夜，他想下地钻进马媛的被窝，又害怕惊醒熟睡中的王奎。他在想方设法怎样才能达到目的呢？

农村跟城里不一样，农家的厕所不在屋里，而是在院子里。当时天冷，马媛要起夜上厕所，只好坐起来，穿上衣服，然后又穿上裤子，蹑手蹑脚地下地，开门，向院子里走去。

张锦胜知道她是上厕所，觉得机会来了，可以利用这个机会跟她接近，达到目的。机不可失，时不再来，他也赶紧穿上衣服，蹑手蹑脚地随后走出屋，来到院子，向厕所走去。这时，马媛已经便完，提上裤子，走出厕所。张锦胜迎过去搂住她，把她摁倒在厕所旁的柴草垛边。马媛认出是他，由于害怕惊醒屋内的丈夫、孩子和东西两院的邻居，只是用手推他，没敢呼救。她没有张锦胜的力气大，使张锦胜得逞了。

张锦胜达到了奸淫目的，第二天在这里吃过早饭，没有要走的意思。马媛趁张锦胜到院子里不在屋里之机，对王奎说："我看这个人很不正经，赶紧把他撵走。"但她没有勇气说出昨天夜里被他强奸的事。

王奎说，"他没有走的意思，我不好意思撵他，况且人家是来感谢我的，如果他今天不走，我明天撵他。"吃过午饭，马媛再次让王奎撵他。王奎也觉得，一个一无亲二无故的陌生人在这里住也不像话，终于有了勇气对张锦胜说："兄弟，你年纪轻轻，不像有家口的人，在我这里住让别人看见了，好说不好听，你还是回去吧。以后我们有什么事情再联系。"张锦胜犹豫了一下说："我昨天晚上喝了一点儿酒，头一直发昏，身体不舒服，再说现在是下午了，天色不早，我明天吃完早饭就走。"王奎没好意思强行撵他，就这样，张锦胜这天没走，晚上又住在这里。

马媛习惯性起夜，睡到半夜又想去厕所，但觉得自己上厕所，张锦胜很可能再次跟出去作恶，她就不想去。她被尿憋得翻来覆去睡不着，想叫醒王奎陪她去，又怕惊动熟睡中的两个孩子，害怕被王奎斥责。后来她实在憋不住，认为张锦胜可能睡着了,就轻手轻脚地穿上衣服,走到厨房,拿起放在灶坑旁边用来劈柴的一把斧子向厕所走去。她想,如果张锦胜再跟出来作恶,就用这把斧子吓唬吓唬他。

张锦胜为什么赖在这里不走?就是想找机会再次强奸马媛。他躺在炕上,一直没入睡。到了夜里终于发现马媛又去上厕所,他就穿起衣服,尾随其后。他来到厕所,马媛已经便完,提上裤子,想往屋里走。这时张锦胜又搂住马媛,马媛就举起身旁的斧子吓唬他。张锦胜见她不老实,怕她喊出声,就捂她的嘴。两个人在厕所里撕巴起来。

张锦胜没有想到马媛手里有斧子,毫无提防,而马媛也没有想到张锦胜竟然能伸手跟她撕打。她举起斧子,用斧背照张锦胜的头上来一下。张锦胜被打,并没马上倒下,两个人继续撕扯。马媛先是用斧背打,后来就用斧刃砍,两个人噼里啪啦地在厕所里打起来。

夜深人静,这声音显得特别大,惊醒了熟睡中的王奎。王奎发现身边的张锦胜不在了,睡在炕梢的马媛也不在了,料到可能发生的事情,他急忙披上衣服往院子里跑。当他跑到厕所时,马媛已经把张锦胜砍倒,累得气喘吁吁。他问马媛:"怎么了?"马媛说:"我进屋跟你说。"马媛拎着斧子,把王奎推进屋里,对他说出了发生事情的原因和经过。

王奎怎么也没想到,特意来谢恩的张锦胜会做出这种事,他对马媛说:"咱得看看张锦胜被砍成啥样了,如果他死了,出了人命这事儿可就闹大了。"

王奎跟妻子马媛再次来到厕所,看见张锦胜已经躺在血泊中,气绝身亡,他俩害怕了。王奎对马媛说:"屋里还有两个孩子，你在家照顾家，我赶紧向村委会报告。"

当时是凌晨2点钟左右，王奎敲开村长家的房门，向村长报告了这件事。村长会同治保主任，一起来到王奎家，见此情景立刻向乡公安派出所报告。

不一会儿警车驶来，两个民警看到张锦胜已经死亡，就把马媛推上警车，对她说："你到派出所，把这件事发生的经过说清楚。"又对王奎说："现场不要动，刑侦人员马上就会来。"

案件起诉到法院，法院经过开庭审理，认为张锦胜虽然有不法侵害行为，但他赤手空拳，手无寸铁，并不会威胁到马媛的生命安全，在这种情况下，马媛将其砍死系防卫过当，应负刑事责任。马媛被认定犯故意杀人罪，被从轻处罚。

害人之心不可有，防人之心不可无。
施恩别图报，图报容易惹烦恼。

交通肇事

27岁的农民刘平源住在沈阳市北郊虎石台镇附近的农村。12月2日这天，他到虎石台镇买菜，一直到晚上也没回来。他妻子四处寻找也不见踪影，无奈，只好向虎石台镇公安派出所报案。派出所的干警与村民和刘平源的亲友四处寻找，到处呼喊，找了一夜，天亮以后又继续找，仍然杳无音信。

刘平源活不见人，死不见尸，突然从人间蒸发，他妻子认为凶多吉少，感到绝望，寻死觅活。大家劝她："说不定他什么时候就会回来。"

过了一个多月，到了春节前农历腊月初八，也就是"腊八"这天下午，刘平源果然回来了。

刘平源推开家门，来到妻子面前。妻子见他回来，惊喜若狂。但看到自己的丈夫蓬头垢面、目光呆滞、衣服肮脏、走路踉踉跄跄，就问他："你到哪去了？""本溪。""你从哪回来的？""本溪。""你到本溪干什么？在本溪什么地方住这么长时间？""到本溪去了。"这个人就像傻了一样。他失去了记忆，什么也答不上来，好在他还认识自己的家，认识自己的妻子。

妻子摘下他的帽子,看见他头部有明显伤痕。面对此景,他妻子不知所措。刘平源的父母知道儿子回来了,来到儿子家。大家在一起商量了一下,决定把这个情况报告给公安派出所。

公安机关知道这一情况后,作为刑事案件立案侦查。询问刘平源,但他完全丧失了记忆,什么也说不清。把他领到医院进行检查,医生介绍说:"刘平源已经被做了开颅手术。"公安机关认为,这很可能是一起交通肇事造成的,刑侦人员立刻赶到本溪市进行调查。

刑侦人员对本溪市所有的医院进行排查,终于在本溪市第四医院查到了线索。从医护人员那里得知:有一天,一个叫"三姨"的中年妇女来到医院,给一个被撞伤的病人联系住院。但医护人员不知道这个"三姨"的真实姓名和住址。在茫茫人海中,到哪里去找"三姨"呢?刑侦人员没退缩、没灰心,经过千辛万苦,终于找到了这个"三姨"的线索。她叫于振荣,是本溪市一个民营企业老总。

为了不打草惊蛇,刑侦人员对于振荣的家庭住址、家庭成员等有关情况进行了详细调查,最后找到她进行询问。刚跟她见面时,她热情寒暄,但一接触到实质问题,她却躲躲闪闪,吞吞吐吐,不讲实话。刑侦人员这时摆出了一些证据,经过几个回合,于振荣的精神防线崩溃了,开始交代事情的来龙去脉。

原来,在12月2日这天,于振荣雇了一个司机和装卸工,驾驶一辆大货车从铁法市往辽阳市运煤。当时,于振荣和她儿子董福坐在驾驶室内。她儿子董福虽然能开车,但没有驾驶证。董福跟司机说:"在沈阳市外的乡间公路上,车少人少,我开一会儿。"于振荣没制止。司机是于振荣雇的,见于振荣没制止,就把车交给了董福,由董福驾驶。

车行至沈阳市北郊虎石台镇附近,将路上的行人刘平源撞倒。他们停车下去查看,发现被撞倒的这个人满脸是血,昏迷不醒,生命垂危。怎么办?

车上的人都听于振荣指挥。于振荣想:如果驾车逃逸,被撞倒的这个人死亡了,事情就闹大了。驾车逃逸,躲得了今天躲不了明天,公安人员迟早会侦破这起交通肇事案件。无证驾驶,撞死人又逃逸,即使不判死刑也会被判处很重。如果通知被撞人家属,一是容易遭到被撞人家属的殴打或指责,二是被撞人家属来了许多人,漫天要价,花销会很大。于振荣没有想到应该保护现场,没有通知交通管理部门来认定双方的责任,没有依法处理,而是认为董福无证驾驶,责任难逃,唯一的办法就是赶紧把这个被撞倒的人送到医院抢救,如果把他救活,事情就不会闹得很大。这几个人一齐动手,把刘平源抬到车上,立即送到附近医院抢救。

由于刘平源被撞到头部,颅脑里有大量淤血,于是就在这个医院里进行了开颅手术。无奈淤血太多,手术后刘平源虽然没立即死亡,但仍然不能摆脱生命危险。于振荣害怕了:这个人如果死亡,尸体也没法处理,那时儿子还会吃官司。于振荣在本溪市第四医院里有熟人,就把刘平源转到那里,认为到那以后,既可以选择高水平的医生,又可以得到精心治疗。刘平源在这里住院一个多月,能够下床行走,脱离了生命危险。

临近春节,于振荣给刘平源办理了出院手续,由她儿子董福雇车给送到沈阳北郊的虎石台附近。到了那天发生交通肇事的地点,董福让刘平源下车。董福认为,这地方可能离刘平源家不远。刘平源下车后,董福见他朝一个村子里走去,进了村子,董福这才离开这里。

董福肇事后离开现场,其目的虽然不是为了逃避法律追究,但他无证驾驶,性质严重,且致一人重伤。法院经过开庭审理认为,其行为构成交通肇事罪。

鉴于董福肇事后,能够及时将被害人送至医院抢救,避免了更为严重后果的发生,因此,对其应从轻处罚。但是,肇事后,在较长时间里他不与被害人家属联系,不向司法机关报案,情节恶劣。法院根据本案的具体情况,依照法律规定,对他判处了适当刑罚。同时,附带民事诉讼,判决他赔偿被害人的全部经济损失。

 无驾驶资格而驾车,肇事责任推不脱。

一封家信

公出办案,在火车上跟法官老王坐在一起,他向我讲述一个求人给写一封家信,因为信上写错一个字,要求人家赔偿经济损失的案件。

边远山区大刘庄那地方可真穷,穷到什么程度呢?他们村的人说,想上吊,山上没有树;想投河,河里没有水,死都死不起。那地方一直是省、市、县的扶贫对象。穷有穷的原因,富有富的道理。大刘庄为什么穷,就因为那里的人文化水平太低,全村的文盲占一半儿。

村里的刘老汉苦干一辈子,才攒2000元,为儿子大刚娶了媳妇之后,家里四口人穷得只剩四双手。刘老汉觉得一家人老头、老太、儿子、儿媳死守一坡荒地也不行。眼下时兴乡下人进城打工,他决定:领儿子大刚到城里找活儿干,让老伴儿李荣领儿媳春花在家管理农田。

进城后一时找不到工作,他领儿子先是到蔬菜批发市场弄些蔬菜,在街头零售,挣点儿批零差价。随后,他就开始贩卖水果。干了几天,老汉觉得水果不像蔬菜那样容易腐烂,损失小,卖水果挣钱快,于是就专卖水果。两个月后,他不仅有了专卖水果的摊床,还租了房子,有了固定住处。买卖做得红火,爷俩忙不过来又雇了个帮手,虽说雇个帮手花些钱,但人手一多,赚钱也快。

生意越做越好,刘老汉就想把这个情况告诉给家里。本来可以打电话,可是家里没有电话,更没有手机,就只好往家写信。爷俩都不会写字,就求助于在旁边摊床卖水果的年轻小伙子小黄代书。

小黄的文化水平有多高他自己清楚。按理说,天有多高、地有多厚不知道,自己的水平有多高还不知道吗?没有金刚钻,就别揽瓷器活儿,不会写信,就别逞强,但小黄没拒绝。一是他不想承认自己文化水平低,二是他不收刘老汉的代书费,写好写坏无所谓,这有什么难的!把事情写明白就行呗。可是没想到,这封信并没写明白。

家里的老太太李荣和儿媳春花都认识不了几个字,再加上小黄的字写得太潦草,她们看信有困难,就找邻居家的孩子小铁柱给看一看。小铁柱上初中了,算是村里的"秀才"。有人请他给看信,小铁柱被重用,挺高兴,兴致勃勃地给李荣和春花一句一句地读。读着读着,信中有这样一句话:"生意虽然做得红火,但最近故了一个人。"面对这句话,小铁柱的表情立刻严肃起来,情绪一下子低落一千八百丈。因为"故了一个人",就是死了一个人。记得老师讲得很清楚:"故",有"死亡"的意思。故了一个人,不就是死了一个人吗?

他不读了,李荣和春花一看不对劲儿,知道出事了,就追问,想知道进城的这爷俩到底出了啥事。城里来了信,就是让家里知道城里发生的事情。小铁柱不能隐瞒,就告诉他们："他们爷俩在城里做水果生意，开始时很红火，赚了钱，到后来死了一个人，花了不少钱。"

李荣和春花惊愕万分，都睁大了眼，齐问："谁死了？"

"信上没写。"

"怎么死的？"

"信上也没写。"

好端端的平静生活，怎么会一下子出现这种事儿，李荣和春花立刻泪如泉涌。李荣确信，城里的钱不是那么好挣的，要不，乡村里的人就会一窝蜂似的涌进城里。想起老伴儿和自己生活了大半辈子，是自己生活的靠山；儿子大刚是自己精神上的支柱，生活的希望。不管死了谁，这个家就破碎了。李荣实在抑制不住，哭得死去活来："这个日子没法过了，我们怎么活啊！"

请人看完信回到家里，李荣和春花不吃饭、不睡觉。从日落哭到日出，又从日出哭到日落。婆媳俩总这么哭也不是办法，李荣就告诉春花："你年轻，腿脚勤快，到城里看看，他们爷俩到底死了谁。我到路边给烧张纸。人死了，再穷也得买纸烧啊！"

文化落后的地方，旧风俗、旧习惯、封建迷信难以根除。

春花走后，李荣就买了纸到村头路边朝着城里的方向烧起来，免不了边烧边哭。其哭声惊天地，泣鬼神，撕心裂肺。

世事确实无巧不成书，烧纸的黑烟偏偏被村里的老崔看见了。他正急着往城里去，也没细想，听说是刘老汉家中死人了。进了城，路过刘老汉水果摊床时就把这事儿告诉给刘老汉。

老汉忙问:"我家死了谁?是我老伴儿还是儿媳?"

"不知道。"

"谁在烧纸?烧纸的人年龄有多大?"

"烧纸的人坐在地上,掩面哭泣,我也没看清。"

老汉又问:"听哭声,你能不能听出烧纸人是年老的还是年少的?"

"哭声凄凉悲切,即使铁石心肠也会跟着流泪,哪有那个心思去判断哭者的年龄!但可以肯定是个女人的哭声。"

刘老汉卖水果的情绪本来很高,干劲也大,这一下子全完,他像傻子一样,蔫了、哑了。他坐不住就告诉儿子:"你和新雇的这个人看守水果摊床,我马上回家看一看,打听明白。再说,家里出了这么大事没有个男子汉在家也不行。"

刘老汉在回家途中,正好路过春花娘家,他想:何不先进屋打听明白,于是就孤身一人来到春花娘家。

再说春花本来是要进城的,路过家门口,一是想回家歇歇脚,二是把她进城的事跟父母说一下。春花进屋不长时间刘老汉也就跟了进来。

刘老汉进屋,一眼看见春花一人在这里,心里全明白了:原来是老伴儿死了,春花回了娘家。老伴儿李荣和他一起生活了大半辈子,临死时,他竟不在身边。刘老汉心一酸,话也说不出来,两行老泪就像断了线的两串珠子,立刻从脸上滚下来。

春花见公公一人回来,进屋就老泪纵横,一言不发。这还用说吗,她全明白了:这分明是新婚的丈夫大刚死了。春花扑向母亲怀里,哭成一摊泥。全家老少,哭声大震。

哭罢，刘老汉对春花说："春花，我带你回家吧。把丧事先处理完。"春花只好顺从。

最爱不如夫妻，最亲不如母子。留在城里的大刚知道家里死了人，不管是母亲死了，还是新娶的媳妇春花死了，这都是家里的头等大事，自己怎能还在这里卖水果呢！他实在坐卧不稳，没心思卖水果，就对新雇来的人说："你给看一下，我回家看看就回来。"

大刚心急，火速赶路，竟在父亲到家之前先回到家里。家里只有老母一人，不见春花，大刚全明白了：自己新娶的媳妇春花已经离开人世。自己进城那天，春花打扮得花枝招展，一直把他送到车站，没想到，才过几个月，竟再也不能见到娇妻春花的笑容了。这个二十刚出头的小伙子没止住泪水，竟然嚎起来。

母亲见儿子一人回来，进屋就嚎，她不问自明：是自己的老伴儿刘老汉死在城里了。母子二人，各自大哭，啜泣不能言。哭着哭着，就听院子里有脚步声。这是刘老汉领儿媳春花回来了。

四人一见面，个个都眼泪巴嚓，两眼红肿。他们都不哭了，你看看我，我看看你，个个莫名其妙，人人呆若木鸡，谁也说不清这到底是怎么回事。僵持了好一会儿，这四个人都感到好笑。老太太李荣这才把接到城里邮来的信，让邻居家的小铁柱给读一读的事说了一遍。

原来是信中出现了白字，把"雇了一个人"错写成"故了一个人"，造成了误会，闹出了笑话。

家里谁也没死，这是好事；四个人个个都眼睛红肿，这也不是病。但刘老汉面对新进门儿的儿媳春花，觉得一家老少四口莫名其妙地哭了一场，似乎被谁耍笑了、愚弄了。他越想越来气，认为这都是写信人小黄故意搞的。

小黄为什么要耍笑我们呢？有两个原因：一是刘老汉和儿子大刚的买卖做得红火，他嫉妒了。人不就是这样嘛：你穷得光屁股有人同情你；你富得腰缠万贯有人嫉妒你，这符合社会规律。二是刘老汉求小黄给写信时，小黄用开玩笑的口气说出不是开玩笑的内心话："你卖水果挣那么多钱，让我写信给多少劳务费？"刘老汉笑嘻嘻地说："给！给！给！等我攒足了钱再给你娶个媳妇。"

已结婚两年的小黄听明白了这是想让他白出劳务。能拒绝吗？不能。在一起卖水果挺长时间了，人家有所求，怎能说不行呢！小黄说："白用也得让用。"

刘老汉回忆起来，那天小黄写信很勉强，很不情愿，一定是故意把字写错了耍笑他。

想到这儿，第二天刘老汉领儿子大刚就回到城里，找到小黄，声色俱厉地指着他鼻尖说："我求你写信，你给写错个字，必须赔偿我的损失。"

小黄笑了，说："我没挣你写信钱，无偿服务，别说错一个字，就是错一百个字这是你图便宜的结果，我赔你什么钱！你卖水果挣钱挣花眼了，什么钱都想挣。你说！错一个字赔你多少钱？开个价！"

不说赔偿倒好，一说赔偿，刘老汉气大，小黄的气比他还大。

"你写错个字，给我造成多大损失你知道吗？"

"损失 10 元、20 元、30 元?"

刘老汉心里算计了一下,一家人的误工、路费,再加上影响的收入,说:"损失 1000 元!"

小黄根本不知道他写错一个字给刘老汉一家带来的麻烦,只认为这老头儿是吃饱了撑的,没事找事,吹毛求疵,冷笑一下说:"我赔你 1 万元,你敢不敢要!"

刘老汉觉得,给写错一个字,就让人家赔钱,这也不好。跟他吵了一阵之后就退回来,再也不理他。

小黄不知道信中出现个"白字"给刘老汉全家带来的麻烦,只认为刘老汉是钻钱眼里了,见缝就钻,有机会就敲诈,认为刘老汉不是个好东西,再也不理刘家父子。

刘老汉觉得一家四口人被小黄当猴耍了,一肚子气没泄出来,憋得难受。一天晚上他看电视,从电视里知道一个当事人被侵犯了名誉权,精神受到损害,向法院起诉,法院竟判决对方赔偿不少钱。

刘老汉动心了,我们一家四口被愚弄得还轻吗?精神损害也不小。实际损失 1000 元,精神损害 1 万元!于是,他请律师代书了起诉状,把小黄告上法庭,让法院判决小黄因为在信上给写错一个字而应该赔偿经济损失。

一字之差,折腾一家。
没有文化,空留笑话。

产生误会

男青年金生和女青年于君是辽宁省抚顺市一家工厂同车间的工人。12月1日这天,工厂开工资。于君把自己的工资领完装进衣兜,对金生领的工资垂涎欲滴,就对他说:"年末这次工资不少,你什么时候请客?"

金生本来就是"爱招苍蝇"的人,不失时机地说:"今晚就请。下班你在门口等我,不见不散。"当晚五点半,他俩在工厂门口会齐,然后鬼鬼祟祟地消失在冬季的夜幕里。

他俩各揣心事,都打着自己的小算盘。于君认为金生大方,在他有钱的时候占他便宜比较容易;金生则想:我凭什么开工资就得请你吃饭,既然请你吃饭就得占点儿便宜。他对于君说:"走,跟我到朋友家。"

金生有个初中的同学叫姜放,是个单身汉,与父母分居,自己住单间。他俩买了两大包熟食,弄些酒,就来到姜放的住处。

姜放此时在家已经把饭菜做好,正要吃饭,金生和于君来了。金生进屋就说:"姜放,今天咱发工资了,我请客,我把朋友领来咱喝一顿。"

姜放住的是一间小平房,是他在楼房旁的空间里盖的违建房,准备结婚用。金生来到这里就像到了自己家,搬一张小饭桌,放到炕上,酒肉一摆,三人就吃上了。

你认为金生真的是来解馋的吗?不对。他把于君领来另有所图。于君爱说爱笑不拘小节,是个没有多少心眼儿的女人。背地里,传出不少有关她的风言风语。不是有那句话吗,叫作"甜味引蚂蚁,臭味招苍蝇"。金生年纪轻轻是个好色之徒,听了这些闲话早就想在于君身上打主意,只是没有机会。今天,他想把姜放灌醉,然后跟于君在这里过夜。

姜放不是傻子,金生不是个正经货他有所了解,平白无故地请他吃饭,肯定别有用心,另有所图。姜放仔细考虑一下,觉得也没什么,只要小心别上当就行。金生对他频频劝酒,他也明白了八九分。他想:只要我吃饱喝足了,大觉一睡,管你们那些屁事儿呢!他站起来,拉上窗帘,对金生和于君说:"咱慢慢来,都喝好,走不了就住这儿,反正没人来。"姜放投其所好,为的是使自己吃得仗义。

留恶人过夜,如同引狼入室。聪明一世糊涂一时的姜放,以为金生是自己的同学,故意让方便。他喝完倒头便睡,活像一头猪,一动不动了。

金生和于君吃完,收拾了桌子、碗筷,也就闭了灯,拿来姜放的一个被子,横搭在三人身上就睡上了。

后半夜,熟睡中的姜放觉得有些冷,迷迷糊糊地把被子往自己身上拽。此时的金生和于君都没睡,俩人正在"办事儿"呢!金生见姜放拽被,就蹬他一脚,说:"你老实点儿得了!轮不到你!"其实,此时的姜放并没醒,根本不知道他俩在干见不得人的事。姜放挨了一脚也不觉疼,仍然呼呼睡大觉。

天亮了,金生和于君吃了些昨晚剩的酒肉就离开这里。姜放还没醒,也许正在做美梦呢。

风平浪静过了几天,到第五天,工厂保卫科王科长找金生谈话,对他进行法制教育说:"青年人,要遵守厂规厂纪,不能跟别人打架。有了问题,要及时向组织讲。自己无法处理的,可由组织帮助解决。总之,就是要注意遵纪守法。"

这是什么意思?金生是丈二和尚摸不着头脑。他由于做贼心虚,亏心脸红,马上和那天晚上在姜放家的事联系起来。

对!肯定就是为了这事儿,王科长不好意思明说就这么蜻蜓点水,旁敲侧击。他问于君:"在姜放家的事你向组织承认了?"

"我傻啦!怎么,组织知道了?"

"保卫科王科长找我谈话,对那件事没明说,只是让我注意遵纪守法。"

"你不是说姜放是你朋友吗?准是他告的!"

金生想起那天晚上,姜放拽被子被他蹬一脚的事,心想:喝酒、吃肉,我让你;于君是我朋友,我已明明白白告诉你了,这事儿我能让你吗?你姜放往这上想也太无理了!就为这,你姜放竟能到保卫科去整我、告我,我让你等着。你还敢告我,我还要告你呢!我比你还厉害!金生产生了误会。

金生对于君说:"这事儿准是从姜放这小子嘴里传出去的。人不犯我,我不犯人。他整咱,咱俩就整他。这不能怪咱俩,咱要让他知道我姓金的不是好欺负的。我上派出所报案，就说那天晚上他强奸你了，让他去蹲几年监狱，怎样？"

"没有的事儿法院能判他吗？"

"能！我去揭发，你给出证，两人诬他一个，他不承认也不行。"

你说金生和于君蠢不蠢吧，他们还自以为聪明。经过一番周密策划，金生就去报案。

公安机关立案了，于君被找去了解情况。她按事先编好的情节，先后向公安机关、检察院和法院出证，讲述自己酒后被姜放强奸的经过。

在法庭上，姜放据理自我辩护说："那个女的是金生的朋友，我怎么会当着金生的面，强奸他朋友呢？既然于君证实她被我强奸了，为什么前后证实有不一样的地方？"

审判长是个细心人，认为姜放的辩护意见值得考虑。是啊，如果于君讲的是事实，前后证词的内容怎么会不完全一致？只有编造的假话才会因为时间的推移，忘了以前自己是如何讲的，从而使前后讲的不一样。

庭审后，主审法官又进一步核实证据。他细细地询问证人金生和被害人于君，分别问他们当天的诸多细节问题。金生没想到法官会问这些细节，因为没跟于君商量，所以没有思想准备。可想而知，两人所答相差极大。经过几个回合，于君招架不住，鼻尖、额头全是密密麻麻的汗珠，就连脖子上也出汗了。流汗，她抑制不住；心慌，她掩饰不了。她自己也觉得狼狈不堪，连头都不敢抬。法官看出了问题，判断于君有说谎的可能，就更加详细询问各个细节。主审法官的穷追猛打使于君招架不住，她不得不说了实话。

用来定案的证据出现了问题，法院又一次开庭。在法庭上，金生和于君都说了实话。姜放被宣告无罪，当场释放。

金生和于君因为犯了诬告陷害罪，坐到了被告人席上。审判长对金生说："你犯罪，是因为你法制观念太淡薄，在你眼里，好像国家没有法律。李广胜骑自行车无意中撞了你，你也没受伤，人家又当场向你赔礼道歉，你竟威胁他说'五天之内，让你断条腿'。李广胜把这事儿报告给你们厂保卫科，王科长已经和你谈了，教育你不要打架，要遵纪守法，可你到底还是犯法了……"

金生闻言，猛拍大腿，失声说句："我太蠢了！"

原来，工厂保卫科王科长找他谈话，是为了李广胜撞人的事！真是冤枉了姜放。金生这时才知道自己产生了误会。

交友不慎，祸端降临，
狐朋狗友不可交，翻脸无情不可靠。

清明扫坟

清明时节泪纷纷，孝顺子女忙扫坟。

辽宁省阜新市细河区长营子镇的中年工人李树森，在家里是个出名的大孝子，在阜新矿务局也是个响当当的好工人。什么"新长征突击手""安全能手""生产能手""先进工作者"等，这些光荣称号他都得过。他工作有了成绩，生活也富裕了，没有忘记父母的养育之恩。他常常忆起小时候父母领他过的那段苦日子。现在生活好了，父母却到了另一个世界，永远不再回来。他常常想，即使父母不能享受现在的幸福生活，哪怕能看一眼现在的生活也好。越是想起以前的苦日子，越是怀念逝去的父母。

4月3日这天，李树森对妻子姜福英说："清明节就要到了，今天咱上山，到咱父母坟上扫坟，添点土，烧几张纸，给父母送点钱花。"

"去呗！"

"带点儿纸。不管有用没用，到坟上烧几张，也是一种祭奠方式。"

"山上风大，干草多，烧纸不会有危险吗？"

"每年清明节都有人上山烧纸，没听说有发生火灾的。今天咱多去几个人，再小心一点儿，没事儿。按照传统说法，烧纸是给死去的人送钱，不管这种说法对不对，按习俗办呗！"

快到10点钟了，李树森领着大姐、二姐、妹妹，还有他的妻子、外甥，一共六人，每人骑辆自行车，上山去扫坟、添土、烧纸。

他们骑上自行车来到山下的道班处，把自行车放在道班门前，然后徒步上山。

李树森家的祖坟在山上。父母、爷爷、奶奶，还有一个早亡的弟弟，都埋在这里。大家上了山，来到一片坟丘旁停下。这天天气晴朗，虽然风不小，但并不冷。他们登山走得急，个个气喘吁吁，有的汗流满面。李树森脱下身上的皮夹克，拿起铁锹，开始往父母坟上添土。

他对妻子姜福英说："旁边这座坟是我爷和我奶的，你先在这坟前烧点儿纸。"说着，从兜里掏出火柴递给她，然后自己只顾给父母扫坟、添土。

大家上山就是要扫坟、添土、烧纸，姜福英没有异议。她接过火柴，拿来一些叠好的打着钱印的黄纸，就在旁边的坟前把纸点燃。

山上的风很大，好不容易才把纸点燃。谁也想不到，火一起，山风呼啦啦地响起，很快，一团团燃烧的纸片被风吹上天，随后飘落在旁边的枯草叶上，转眼间，枯草噼噼啪啪地燃成一片。姜福英急忙抓起装纸用的精编袋扑打火苗。刚扑灭一处，又有几片燃烧的纸片被吹上天，一落地，又有几处枯草被点燃。

李树森的大姐、二姐、妹妹,还有外甥,一起上来扑救。他们用脚踩,用衣服打。姜福英边扑救边喊李树森:"快!快!快过来。"

李树森往这边一看,见坟旁有几处燃火点,但火势不大。他过来抡起铁锨帮助扑打,效果不大。他又挖土往上扬,还是不行,他扔下铁锨抡起他那件皮夹克扑打。

这六个人拼命扑救,经过三四分钟,李树森一看,这算完了。他们扑灭的火线远远比不上延长的。最后,他看实在不行,就躺到火苗上,像碌子一样开始碾压。草秆的扎刺,火苗的烧烤,他全然不顾。他们扑灭一处,旁边又燃起三四处。燃烧的干草噼噼啪啪作响,风一吹,燃烧的草叶四处飘落。每落一处就燃起一个新的起火点。不一会儿,满山起火,到处冒烟,而且这些燃烧的干草叶被风一吹,就像天女散花,在空中纷纷扬扬,到处乱落。燃着的火线迅速向远处的山林延伸。一时间,山野被大火包裹,天空被浓烟笼罩。首先被这大火吓哭的是姜福英,接着不知是谁又哭出了声。李树森冲着姜福英喊:"快!快下山找人!"姜福英拔腿就往山下猛跑。

山野里,沟沟岔岔空无一人,只有春风卷起地上的枯草败叶,把它们扬到空中,使它们像燕子一样飞舞。姜福英像离弦的箭,射向山下。春风在她耳边呼呼作响,她不时回头往山上看,那5个人有的在抡衣服,有的在抡树枝,尽管已经没有希望能把大火扑灭,但他们仍然在拼命扑打。

姜福英边跑边想:上哪儿找人呢?即使找来三两个,能把火扑灭吗？不一会儿，她跑到了他们停放自行车的那个道班门前。她突然想起用电话报火警，这样最有效。那时手机还没普及，她就想进屋打电话。一进屋傻眼了，这屋根本就没有电话。她转身跑出，飞身跨上自行车，飞一样向前边大巴沟公路收费站猛蹬。她确信，那里一定会有电话。到那以后，她同样失望。那里有位老头儿告诉她：这里没装电话，有一部对讲机早就坏了，不能使用。

姜福英一听心凉半截，还能往哪儿跑呢？这真是苍天跟她作对。她问这老头儿："我们上坟烧纸，风一吹，火连片，把山烧了。我们扑不了，想报案，得上哪儿报呢？"这老头儿出门往山上一看，只见满山是火，到处是烟，也急得像热锅上的蚂蚁，干跺脚没办法。

再说山上李树森他们五人，越扑火越大，而且前面的火头已经延伸到树林里去了。树木一着，火势更大。李树森这个40来岁的男子汉吓坏了。他哭着说："这不完了吗！这是犯罪呀，这咋办呀？"

他大姐说："得了，别扑了。事已如此，回家等法院判刑吧。"

就这样，他们没办法了，只好眼看大火向远处烧去，回家等候公安局派人来抓。

再说大巴沟公路收费站这边，那个老头儿很快把这事儿告诉给站长。站长很负责任，这场大火虽然与公路收费、养路无关，但站长一下子就把电话打到了阜新市委。这时接近中午12点。

电话打到了阜新市委，市委是当地最高"司令部"，这一下子真灵，阜新市委、市政府以及驻阜新市的部队，组成灭火大军，浩浩荡荡火速上山，共有3000多人参加灭火，这支灭火大军奋战四小时才将山火扑灭。

经过统计，这次大火受灾森林32.7公顷，其中油松幼龄林16.7公顷，中龄林16公顷。过火荒山和零散灌木地108.4公顷；过火林地225公顷，总过火面积333.4公顷，给国家造成巨大经济损失。

李树森和他的妻子姜福英都被逮捕，他们已构成纵火罪，均受到了法律制裁。

假如李树森的父母在天有灵，一定不会愿意看到子女为了给自己上坟烧纸而遭受牢狱之灾。

清明时节泪纷纷，孝顺子女忙扫坟；
预防火灾责任大，应该时刻记在心。

赌博招祸

3月1日这天下午,在辽宁省凤城市(县级市)蓝旗乡的山坡上有个青年在放牛。他突然发现山沟的枯草地上躺着一个女子,走近一看,这女子浑身是血。再细细观察,这女子的腿还在微微颤动,她没死。放牛的青年飞速跑回家,告诉家里人。他父亲和好几个邻居让他带路来到那山沟,看到血泊中的女子能有20多岁,穿着藕荷色的羽绒服,牛仔裤,米黄色的高跟鞋。她不是本村人,好像从来没见过。众人立刻把这一情况报告给当地的蓝旗乡公安派出所。

公安人员火速赶来,一边勘查现场,一边把这个生命垂危的女子送到附近的蓝旗乡医院抢救。

在现场附近发现一根带有血迹的木棒,再就没有查到太多有价值的线索。在医院里,被害女子醒过来,由于严重的颅脑损伤,使她存在意识障碍,对刑侦人员的问话能听懂,嘴唇微微抖动却不能说话。刑侦人员递来纸和笔,她艰难地写下歪歪扭扭的几个字:"三棵、115、张"。

这点儿线索就是侦破案件的突破口。刑侦人员经过分析认为,"三棵",很可能是火车站"三棵树"的地名;"115"

不知是什么意思;"张"既可能是被害者本人,也可能是犯罪嫌疑人。

刑侦人员耐心等待她进一步苏醒。过了一段时间,这女子又写出第二张纸,上面是"三棵树、张丽欣、母、太平服装厂"。过了一会儿,她又写出"杨方伟"三个字。

够了,刑侦人员不再等了,必须分秒必争,迅速破案。电话打到了"三棵树",打到了哈尔滨。哈尔滨市公安局很快给予答复:"张丽欣,女,24岁,是哈尔滨市印染一厂工人,住太平区115号,已经出走多日。"经太平服装厂张丽欣母亲辨认照片,确认被害人是张丽欣。

确认了被害人身份,案件就等于侦破了一半。刑侦人员火速来到哈尔滨市,在当地公安机关配合下,在哈尔滨找出7个叫杨方伟的,经调查,这7个人均被排除作案的可能。据分析认为:一是杨方伟很可能是被害人熟悉的人,是在意识混乱的情况下写出的;二是杨方伟可能是犯罪嫌疑人,但可能把其中某个字写错了。

刑侦人员继续调查,发现一个重要线索:有个人跟张丽欣已经登记结婚,是没举行婚礼的丈夫,他正在哈尔滨市一所大学就读,是一个大学生,叫王元。

刑侦人员找到王元,王元说:"2月26日我跟张丽欣出了一趟门,到鞍山、盖州走了一趟,28日就返回来了。"

"张丽欣呢?"

"她去广州了。"

不是王元说什么刑侦人员就信什么。经过一番调查,刑侦人员又来问王元:"你到底是哪天回来的?"

"2月28日。"

"不对。有人证实,你是3月2日回来的,你怎么解释?"

王元惊愕,低头不语,神色开始紧张。这时刑侦人员又乘胜追击,突然当头一棒地对他说:"王元,我们可以告诉你,张丽欣没死,经过蓝旗乡医院的抢救,她活过来了,能说话,能写字,逐渐恢复健康。"

这个消息无疑是一枚重磅炸弹,炸得王元几乎瘫倒在地。他面如土色,坐在刑侦人员面前低头不语,搓着已经冒汗的双手,知道负隅顽抗不会有好结果,只好如实交代罪行。

原来,王元不仅是个正在大学念书的学生,而且他的家庭也十分令人羡慕。他父亲是黑龙江省一个大机关的秘书长,母亲是黑龙江省一家公司的处级干部。谁能想到,一个好端端的家庭,就因为王元染上了赌博恶习,在赌博的泥潭里越陷越深。

他输钱了,跟其他赌徒一样,就想把输的钱再赢回来,结果在赌博的泥潭里越陷越深。张丽欣劝他:"赌博这条道儿不能再走了,哪有靠赌博发家致富的。这条道儿越走越危险,什么事情都可能发生。"

"我知道,只要把输的钱赢回来,保证不赌了。"

"输了就是输了,就当我们把这笔钱丢了,别想再往回赢。如果越赌越输,越输越赌,后果不堪设想。"

王元不再反驳,觉得张丽欣说得在理,但想把输出的钱再赢回来的念头一直没打消。后来他又去了几次赌场,果然,不但没把输的钱赢回来,还真的越输越多。

为了把输的钱赢回来,他跟父亲要钱,父亲拒绝。他又跟妻子张丽欣要,张丽欣从自己父母那里弄到一点儿给他,他马上来到赌场,又输了,然后又跟妻子要,张丽欣不给,他向妻子保证:"你最后再给我一点儿,这一回不管是输是赢,即使是输了,我也不再往回赢,坚决不干了。"张丽欣信以为真,又回家跟父母借了几个钱交给他。他又输了,再一次跟妻子要。这一回张丽欣说什么也不给了,两人便发生口角。

他对妻子说:"你不用瞒我,你在生活作风问题上十分不检点,我们不能继续做夫妻,离婚吧。"

争吵中什么话都可能说,但这种侮辱性的语言张丽欣忍受不了,说:"我们可以离婚,反正我们也没举行结婚仪式,办离婚手续也很简单,但你必须把我给你的钱如数还我,你不能骗我的钱去赌博。"

2月25日这天,王元对张丽欣说:"我仔细考虑了一番,你不让我赌博这是对的,我以后不赌了。但在我参与赌博期间跟别人借了一些钱,应该还给他们。我在辽南有两家亲属,你跟我去借,这两家亲属都比较富裕,能借来钱,短时间可以不还给他们。"

张丽欣又信以为真,没提防。2月26日这天两人上路了,先后来到鞍山、盖州和沈阳等地,一无所获。王元对她说:"我伯父住在凤城市蓝旗乡,到他家肯定能借来钱。"他俩就在2月28日到达凤城市蓝旗乡。3月1日这天早晨7点多钟,王元对她说:"到我伯父家得坐一段公交车。"他俩上了一辆公交车来到一个村庄下车了。这是上午10点多钟,他俩下车后沿着乡间的小路一直往前走,路过一家农户的柴草垛,王元从柴草垛上抽出一根1米多长的木棒。张丽欣问:"拿这干什么?"王元说:"前面是山路,拿它当拐杖。"毫无提防的妻子哪里想到,王元要把她领到偏僻处下毒手。

他俩走到前边一个山沟处,王元看了看四周,空荡无人,偏僻幽静,他走在张丽欣身后,趁其不备,抡起手中的木棒就朝她头上接连砸了好几下,将其打倒,怕她不死,紧接着又往她头上、身上一顿乱打。看看张丽欣已经倒地,一动不动,王元确认她已经气绝身亡,摘下她手腕上的手表和身上戴的金银首饰,翻走她的钱包然后仓皇逃窜。

王元漫无目的地到丹东周边走了一圈儿,然后返回哈尔滨。没想到,刚回来不久,公安人员就能找到他。他后悔地说:"我也知道赌博不好,如果发展下去,可能会出现不好的结果。但没想到还会因为赌博而犯杀人罪。我的家庭、工作、生活本来都很好,这一下子全完了。"

 赌博之路越走越窄,赌博泥潭越陷越深,赌博不能发家致富,赌博通向监狱大门。

酒后肇事

4月28日中午,辽宁省营口市水泵厂的叉车司机赵存厚参加了一次婚宴。宴席上,人们免不了互相敬酒。大家知道他是汽车司机,都不想让他喝,但大家又不能冷淡他。有人拿瓶饮料对他说:"只要感情有,不必喝真酒。你用饮料代替酒,我干一杯,你随意。"

赵存厚自己倒上一杯啤酒,说:"喝啤酒就像喝水,我也不可能喝得酩酊大醉。再说,我是开叉车的,交警不注意我们,我还从来没遇到过被交警拦住要测试喝没喝酒的情况。"

他坚持要喝,别人劝也劝不了,又不好意思夺他酒杯,但还是有人再三劝告他:"开车别喝酒,喝酒别开车。"赵存厚自己不能控制自己,接连喝了好几杯啤酒。

人的命,自己定。许多人生悲剧的发生,都能从自己的某些过失中找到原因。赵存厚明知婚宴后下午还要继续上班,但仍然不听劝阻。

婚宴结束,大家先后离去,赵存厚下午又去上班。他虽然没有酩酊大醉,但也确实喝酒了。下午,他驾驶着叉车在营口市老边区的一条公路上行驶，速度缓慢，稳稳当当。他知道，十次事故九次快，只要车速慢一点儿，小心一点儿，不会出问题。

这时，营口市的盖州市（辽南县级市）团山乡一辆满载货物的解放牌汽车从后边驶来，由于叉车速度慢，这车就想超车。这天，偏偏赵存厚要遇上麻烦。后面的车要超车，本来可以鸣笛，让前面车让路，但这司机一反常态，认为叉车左边的路还比较宽，就从左侧超越。

这时只听"哐当"一声，解放牌汽车的箱板撞到了叉车上，强大的惯性使叉车偏离了方向。刚喝完酒的司机赵存厚面对这种突发意外情况，反应迟钝，不知所措，来不及采取有效措施，既没往右看一看是否有人，也不会使用方向盘了，任凭这辆叉车向路边飞驶而去。他的叉车直奔在慢车道上正常骑自行车的一个中年妇女，他不知应该怎样躲闪，一下子就把这个妇女撞倒。叉车的巨大车轮压在这名妇女的胸部，停下了，这妇女口吐鲜血，顷刻毙命，现场惨不忍睹。

被压死的妇女叫张素春，34岁，是营口市老爷庙小学教师。她有一个幸福的家庭，丈夫是营口市电板厂的中层干部，有一个7岁的儿子正在小学读书。张素春遇上了这个酒后驾车的，她没有违反交通规则，正常骑自行车，却被一场交通事故夺去了生命。

有人说，犯罪是因为不懂法。这可不一定。以我的办案经验，很多罪犯都懂法，他们知道盗窃、抢劫、伤害、杀人等都是违法的，是犯罪行为，因此有些人犯罪后开始潜逃，想逃避法律制裁。赵存厚也知道酒后不能驾车，但他有一种侥幸心理,认为酒后驾车不一定都肇事,这种侥幸心理坑害了他,更坑害了那些无辜的受害者。

 驾车不喝酒,喝酒不驾车。酒后驾车事故多。

更夫失职

辽宁省阜新市五龙矿土建公司的汽车队,让责任心不强、嗜酒如命的栾凤怀在这里当更夫是最大的失误。9月19日中午,他又要饮酒。他跟汽车队的队长邢振山、支部书记李玉柱在车队办公室推杯换盏。喝了一顿之后,到了吃晚饭时,他又跟车队的一名木工在这里再次饮酒,一直持续到晚上9点多,两人都酩酊大醉,木工回家睡觉去了。栾凤怀忘记了自己是更夫,竟然把车队的大门锁上,也回家睡大觉去了,使车队无人看守。

哪天疏于防范,事故就在哪天发生。有个窃贼到这里来偷车,窃贼是本单位的汽车司机葛万才。他知道底细,知道车队更夫嗜酒如命,知道这里的汽车晚上常常无人看守,到这里偷车,犹如探囊取物,十拿九稳。这天晚上11点钟左右,他来到车队大门外,一看,铁大门果然上了锁,他知道更夫不在岗,院子里的汽车无人看守。

他找来一块大石头,"哐!哐!"几下子就把铁大门上的锁头砸开,窜进院内,把一台新购进的凌河牌大货车开走。这车一出院门就像脱缰的野马,横冲直撞,一直向阜新市的市中心冲去。

葛万才想干什么？他不想活了，要用这汽车撞死几个人，让他们陪自己一起死。他两眼冒火星，驾驶着这辆大货车不想放过任何一个人。哪个地方人多，他就往哪里冲。当时是深夜11点多钟，街上行人稀少，他就借助路灯，向路边散步的一对情侣冲去。这对情侣在卿卿我我，完全没有提防，立刻被碾入车轮下；葛万才又看见有下夜班的职工骑自行车回家，就向这个人冲去……不管是谁，只要遇到他驾驶的这辆车就无法逃脱。有个骑自行车的人看见这辆汽车横冲直撞，像个吃人的怪兽，马上跳车逃跑，这辆自行车瞬间被碾成了龙形……转眼之间，在阜新市海州桥南长达两公里的路上，留下了5具尸体，有10名伤残者躺在路上呻吟，有15台自行车被毁，三棵树木被撞断，一根电线杆被撞倒……

葛万才知道自己已经闯下大祸，国法难容，最后冲向迎面驶过来的一辆汽车，撞车自杀身亡。

葛万才是何许人也？为什么要这么干？悲剧发生后有关部门进行了调查，原来事情是这样的：

葛万才18岁那年因为盗开汽车发生了交通事故，被判处有期徒刑7年。刑满释放后，他被安置在阜新市五龙矿土建公司车队当汽车修理工。后来经人介绍，与一个叫郭玉霞的姑娘建立了恋爱关系。要结婚，手头的钱不足，他产生了盗窃念头。郭玉霞知道后先是劝阻，不见效果，便提出终止恋爱关系，并且明确告诉他："咱再怎么缺钱也不能走邪路，你以前被判过刑，难道你还不知道这条道儿危险吗？"

葛万才认为这是在揭他的陈年伤疤，一气之下竟然打了她两耳光。随后又伸出双手，掐她脖子，直至将其掐得停止了呼吸这才松手。人们发现及时，立刻将郭玉霞送到医院抢救，她缓过来了，居然死而复生。

郭玉霞没死，葛万才不但不反省自己，反而又产生了报复社会的念头。怎样报复？这就出现了盗车、撞人，然后自己撞车自杀的悲剧。

出现这么大的事故谁来负责？更夫和车队的队长以及相关人员难辞其咎。车队的队长邢振山、支部书记李玉柱和更夫栾凤怀，均被认定犯了玩忽职守罪，分别被判处不同的有期徒刑。土建公司经理兼总支书记、副经理等人也分别受到党纪、政纪处分。

更夫失职因醉酒，公车肇事血横流，
报复社会不可取，害人害己伤道义。

村长落选

虎落平阳被犬欺,落架凤凰不如鸡。

郭海当了好几年村长,也风光了好几年,由于工作没有成效,群众不满意,在村里换届选举中他落选了,成了普通农民。他万万没想到,墙倒众人推,鼓破万人捶。在台上,人人说恩深;下了台,个个要掘坟。他刚落选,有人就气势汹汹地到他家里要烟、要酒、要东西,其理由是:你当村长期间我给你送礼,是想让你给办事。可是,你什么事也没办,你必须把"吃"的东西"吐"出来。你也不是我爹,这些东西难道是孝敬你的吗?必须一样不少地拿回来。更让郭海感到头疼的有这么两个人:一个是农民老林头,另一个是开饭店的崔大嫂。

老林头58岁,秃顶,脑瓜盖儿上铮亮,四周长了几根白毛,这个人真不好对付。他来到郭海家说:"我给你送过5000元,是想让你给我批块地号,我好给儿子盖房子。现在过去好几个月了,村长也不当了,你也说不算了,这个地号到现在也没批下来,我得把这5000元拿回去。"郭海舍不得往外拿钱,就说:"在村委会上我帮你说了,做了不少努力,可是大家不同意我也没办法。"

老林头说:"村委会开没开会研究这个问题,我不知道,在会上你是否努力了我也不知道;我所知道的是到现在也没批准我盖房子,所以这5000元我得拿回去。"

"这样吧,给你退回一半儿,另一半儿作为我曾经为你努力过的辛苦钱。我也不能为你这5000元数过来数过去地点钱玩儿。我不全留,只留一半儿。"

老林头儿来了犟脾气,满脸怒气代替了他送钱时的一脸微笑,他指着郭海的鼻尖吼叫:"你收了我这么多钱,你老实说,你还收了别人多少钱?我的钱放在你这里好几个月,我不跟你要利息就便宜你了,你今天必须全部返还给我,你以为我是那么好欺负的吗!"

郭海说:"得!得!得!我不能跟你一般见识。给你!"郭海说完,脸色青紫,拿出5000元往炕上一摔:"就你这种人,你求别人办事,谁能给你办!"

老林头说:"你还想为别人办事吗?能有人找你办吗?"他说完,用气得发抖的手把这5000元揣进衣兜,头也没回地离开郭海家。

第二天崔大嫂又来了,她手拿一沓字条,看见郭海在家,怎么称呼呢?叫村长吧,有讽刺之嫌,他已经不是村长了;指名道姓吧,又显得不够尊重。有了,就叫他"唉"吧。她对郭海晃了晃手中的这沓字条,说:"唉!你说村里欠我们饭店这么多餐费什么时候还?"

郭海说:"这好办,现在村里有新领导了,你去找新村长。"

过了不一会儿崔大嫂又回来了,说:"新村长说了,村里不能还，字条上由谁签字就由谁还。"

郭海说："我在你们饭店吃过饭不假，但这些条子都是我当村长时为招待村里客人吃饭签下的，这一点你是知道的，我怎能用个人的钱来偿还这些餐费呢？"

崔大嫂说："新村长说了，以前村里欠的债务由村里偿还，欠饭店的这些餐费，是不是村里欠的，既没有记载，也没有证据。这些条子上又没有加盖村里公章，村里还这样的债务群众会有意见。"

郭海指着崔大嫂说："怎么能没有证据呢？你说，你敢不敢证实这些餐费是我当村长时在你这里吃饭时签下的条子？你若不敢证实，我也不承认这些条子是我签的，是你自己瞎编的，与我无关；你若敢证实，这些条子就得由村里处理，别再找我。"

崔大嫂觉得，这些条子确实是他当村长期间，他领人在这里吃饭时签下的，觉得郭海说得有道理，就又去找新的村长。不一会儿，崔大嫂又被顶回来，理由还是那样，村里不能偿还这笔债务。郭海说："村里如果不还，我也不管，你愿意上哪儿告就上哪儿告。这些条子是我签的不假，但都是招待村里客人的合理花销。"

崔大嫂往返于郭海与新村长之间，像个破皮球，被踢过来踢过去。崔大嫂觉得这样被踢来踢去不会有结果，就把这沓字条拿过来，算了一下，一共有4800多元，这也是个不小的数字，忍气吞声地不讨要，损失太大。最后，她把郭海和村委会一起告上法庭。

法院开庭审理此案时，崔大嫂证实说："这些条子确实是郭海在当村长时领客人到这里吃饭的花销。"

村委会的法律顾问在法庭上追问崔大嫂："你能证明这些餐费都是村里招待客人用的吗？"

崔大嫂说："能证明。"

"那么你证明一下，每一笔是村里招待的哪些客人，为村里办的什么事而支出的合理花销？"

崔大嫂说："这些条子都是郭海当村长时领客人在这里吃饭时签下的，没有一张是他个人到这里吃饭的花销。他领来的客人有男的、女的，有高的、矮的，有胖的、瘦的；有时领来一两个人，有时来了几辆轿车，一坐就是两三桌。确实是郭海当村长时招待这些人的花销。"

村委会的法律顾问说："这些条子都是由郭海签的字，这些费用都是郭海在当村长期间招待他人的花销，这毫无问题，我们现在要调查清楚的是，郭海招待的这些客人，是哪里的客人，这些客人到村里来办的是什么事，是公事还是私事，这些招待是应该由村里招待还是应该由郭海个人招待……"

崔大嫂张口结舌，汗流满面，最后她说："他招待这些人来办的是公事还是私事，那我就说不清楚了。"

由于这些条子上没盖村委会公章，村里也没有相应记载，认定是村委会的合理花销没有证据。据此，法院做出判决，这些餐费由郭海个人偿还。

 清白做官能长久，本分做人才心安。

饮酒取乐

康永玉、郑少军、谭生和李力四个中年人经常在一起饮酒。这一天他们又凑到一起，先是玩一会儿麻将，谭生赢了，大家逼他请客，要到附近的兴顺酒店去饮酒。这几乎成了他们的定律，只要在一起玩儿，谁赢了谁请客。今天谭生赢了，他理所当然要请客。谭生无奈，领着这三个人进了这家酒店。

几个人围坐在一起饮酒作乐，谈天说地，说玄话、吹大牛、讲荤段子，既解馋又热闹。酒店里年轻漂亮的女服务员张颖拿个小本子来到他们桌前，问："点什么菜？"

在这桌人里康永玉能张罗，也是个爱说爱笑的人。谭生说："康永玉点菜！"

康永玉说："吃什么都行，谁请客谁点菜！别人点贵了、贱了说道太多。谭生你要大方一点儿就点大鱼大肉，你要抠抠气气就点几盘小毛菜，芹菜土豆丝、尖椒干豆腐。"

郑少军说："别让谭生点了，康永玉你定。"

谭生也说："康永玉定。"

坐在一旁的李力一直没说话，他先笑后说话："来一盘康永玉腔。"

谭生笑着说:"对!来一盘红烧康永玉的腔。"

大家一阵哄堂大笑,服务员张颖笑得捂鼻子挡嘴。大家在说说笑笑中点菜、唠嗑、打趣,好不热闹。

菜,一盘一盘往桌子上端。上完第二盘菜,康永玉就首先举起了筷子,说:"上一盘唠嗑,上两盘开喝。"说完就动筷子夹菜,吃上了,根本没让一让旁人。

谭生说:"怎么吃上了?你得说两句呀!"

康永玉说:"你请客,你不说谁说!你不说我们就光吃菜不喝酒。"

谭生端起酒杯,就开始祝酒、劝酒,接着大家就左一轮右一轮地喝开了。酒桌上流行的那些什么"感情深一口闷,感情浅舔一舔",什么"只要感情铁,不怕喝吐血"等,大家用了一遍又一遍。喝得差不多了,康永玉这时也想不出什么新词儿,就端起酒杯站起来劝酒,说:"都得喝!谁若不喝,我是他爹!"

大家大笑,开怀畅饮。郑少军喝完了放下酒杯说:"劝酒没有这么劝的,得文明点儿。"康永玉说:"这么吧,咱再来一杯,谁若不喝,他是我爹!"说完冲着郑少军说:"这回文明了吧?"大家狂笑,又喝。

郑少军被整得没词了,再加上酒量差,连连告饶。康永玉认为,多喝一杯也不至于发生什么意外,大家在一起喝酒图的是热闹。他又端杯站起来,一边开玩笑,一边举起第三杯,说:"喝了这一杯的,是不喝这一杯的爹!"大家笑得前俯后仰,拍手打掌。这边喝得热闹,酒店女服务员张颖也参与其中与康永玉斗酒。

时至深夜,郑少军饮酒过量醉倒了;康永玉喝得东摇西晃,独自离去;李力和谭生喝得也不少,个个自身难保,哪有能力去照顾郑少军。谭生付了钱,也与李力先后陆续离席而去。

酒店老板刘铁见郑少军趴在饭桌上睡着了,出于好心,把他搀扶到店内沙发上睡下。那是春末夏初,天气不冷,刘铁还让服务员张颖给拿来一件棉大衣盖到他身上。

酒店里晚上关门晚,第二天上午开门也晚。到上午 10 点多钟,酒店老板刘铁见郑少军还睡着,呕吐得满沙发、满地都是,就叫他、推他,让他走。可是怎么也弄不醒,看看情况挺严重,找昨晚喝酒的那几个人又找不到,别无选择,只好打 120,叫来急救车把他送入医院。经诊断,郑少军已经死亡。尸检报告认定,是因为呕吐物进入气管导致窒息而亡。

强力劝酒,害己害友。喝酒喝出了人命,事情闹大了,麻烦事也就跟着来了。郑少军的家属要求另外三个酒友赔偿经济损失 20 万元。别看他们平素都讲哥们义气,到了这个时候,连一点点同情心也没有。正所谓:平日都说心连心,关键时刻都在动脑筋。大家都在寻找与自己无关的理由。酒友们都说,酒,是他自己喝的,他有多大酒量,自己应该知道,自己没掌握好,喝多了喝出了事,让别人赔偿经济损失没有法律依据。这个损失应该由酒店来赔。

郑少军的家属也觉得这三个人说的有道理,就去找酒店老板,跟他论理,让他赔偿经济损失 20 万元。酒店老板刘铁说:"我们正常开酒店,客人到这里来喝酒,我们不能不让喝，他喝醉了，我们没有置之不理，而是把他搀扶到沙发上，让他休息、睡觉，怕他冷了还给盖上了一件棉大衣。我们处处是出于一片好心，让我们来赔偿损失实在说不过去。"

郑少军的家属觉得他们说的都有道理，但是，如果就这样把尸体火化了，处理完就算了事，也太窝囊，就到律师事务所进行咨询，并请律师写了诉状，把这三个酒友康永玉、李力、谭生和酒店老板刘铁以及服务员张颖一起告到法庭，让他们共同承担赔偿责任。理由是：康永玉、李力、谭生作为死者郑少军的朋友，在明知其醉酒处于危险状态中，未尽关照、救助并妥善安置的责任和义务，自己悄然离开酒店，由于这样做不负责任，应当承担过错责任；酒店女服务员张颖与顾客斗酒，对郑少军酒醉致死应承担过错责任；酒店老板刘铁违规留宿，未及时将郑少军送医院救护或通知其家属，也应承担过错责任。因此，要求法院判令他们共同赔偿郑少军家属的经济损失20万元。

法院经过开庭审理，听取各方面意见，认为：原告起诉要求五名被告共同赔偿郑少军家属的损失有一定道理，但是，郑少军系成年人，具有完全的民事行为能力，应对自己饮酒过度造成死亡的后果负主要责任。最后，法院经过调解，这五个人根据各自的不同情况，共同赔偿了郑少军亲属的部分经济损失。

 敬酒不劝酒，劝酒不逼酒，
逼酒喝死人，害己又害友。

救命稻草

1月10日上午10点钟,辽宁省锦州市中级人民法院刑一庭的电话铃骤然响起。王庭长抓起话筒,话筒里传来熟悉的声音:"我是辽宁省高级人民法院的,死刑犯王建祥的亲属送来了几份材料,这些材料证实他的出生日期,并盖有单位公章,这些材料证实王建祥犯罪时不满18周岁。"

"啊!这……"王庭长心里咯噔一下,头上立刻冒出冷汗。怎么能出现这种情况!这可是死刑犯啊!马上就要执行死刑了!

王建祥的罪行罄竹难书,他抢劫锦州市太和区汤河镇税务所,杀死了税务员,这是一起特大的恶性案件,应该从重从快处理,只等复核后下达执行死刑命令,立即执行。没想到,就在这个时候,"半路杀出个程咬金"。如果被告人王建祥家属提供的情况属实,这就意味着王建祥犯罪时不满18周岁,锦州市中级人民法院把一个不满18周岁的人判处了死刑,这是错判。

人命关天,错判错杀就会给党和人民造成无法挽回的影响,后果不堪设想。王庭长立刻把这个情况向领导汇报。

一小时后,锦州市政法委书记主持了由锦州市公、检、法三机关主要领导人和有关干警参加的紧急会议,会议做出了这样的决定:公、检、法三机关立刻组成联合专案组,由法院牵头,详细核查王建祥的出生年月日,决不能出错案;同时,要对王建祥亲属是否进行了包庇犯罪活动也要进行调查,不允许任何人干扰司法机关办案,不允许任何人包庇犯罪分子。

当天下午,专案组分乘两辆警车,风驰电掣般地驶向王建祥的出生地,即辽宁省北镇市(县级市)青堆子镇。在北镇市公安局的配合下,查到王建祥是在青堆子镇铁合金农场出生的,并且有详细的出生日期,与法院审理此案时所查的户口底卡完全相符。专案组又立即奔赴青堆子镇派出所,该户口底卡与数据也相一致。那么,王建祥的亲属提供的材料是怎样形成的呢?

当天下午4时许,专案组来到了北镇市青堆子镇六台村,找到了当年的接生婆唐桂文,问她:"你向司法机关提供证据说,在18年前的11月29日你给接生了王建祥,这是18年前的事,你怎么能记得那么清楚是哪年、哪月、哪日?"

唐桂文一看来了警车、警察,直接询问她向李秀春提供的那份证据情况,吓得浑身发抖,脸冒虚汗。她说:"我以前确实是个接生婆,但在18年前,我接生过谁,是哪月哪日接生的,王建祥是不是我给接生的,我都没有记载。在五六天前,王建祥的母亲李秀春来找我说,她儿子王建祥在18年前是我给接生的,她为了使儿子早上学,把王建祥的出生日期往前改了八个月,其实他是那年11月29日出生的,让我给出个证明。我当时看她一把鼻涕一把眼泪，挺可怜的，我知道可能是他儿子出事了，要把年龄改小，想免受处罚。我出于怜悯之心，也就没再详细过问，就按照她所说的年月日给出了一份证实，说王建祥是我给接生的。其实，王建祥是不是我给接生的，是在哪年哪月哪日接生的，我根本记不住。我只是看到李秀春万分悲伤的样子，就按照她的意图，按照她所说的日期，出具了王建祥出生日期是11月29日这样的证明。"唐桂文哪里知道，就是她出具的这份证明，给审判机关的审判活动设置了严重障碍。

李秀春拿到了唐桂文出具的这份证明，如获至宝，认为这就是儿子的一棵"救命稻草"。她立刻来到王建祥的出生地六台村找到村委会，表现出一副可怜相，竟没费太多口舌，村委会就把印章盖到了证明书上。李秀春仍然不满足，又拖着疲惫的双腿，编造谎言，流着泪水蒙骗了不明真相的人。锦州铁合金青堆子农场的一名小学女教师也不知轻重，不知问题的严重性，挥笔出证，证实王建祥出生的具体日期是那年11月29日。学校教导处未经审查，就把学校的印章盖到上面去。青堆子农场的领导也没假思索，不做调查也给盖了公章。李秀春妄图从地狱里救她儿子一命。她带着这几份伪证，满有希望地跑到辽宁省高级人民法院上访，递上她辛辛苦苦弄来的这几份证据。她没想到，司法机关对这些证据如此认真详细调查。

李秀春聪明反被聪明误。她辛辛苦苦弄到了这几份证据成了她犯包庇罪的铁证，她被逮捕了。就在王建祥被执行枪决的时候，李秀春和那个接生婆唐桂文也受到了法院的审判。法院认定李秀春犯包庇罪,认定唐桂文犯伪证罪。她俩均被判处了刑罚。

宣判时,法官问李秀春:"你对法院的判决是否服判?"她说:"服判。我的犯罪是为了挽救儿子,尽管没成功,没留住他的性命,但我已经做了最大努力,值!"

法官批评她,说:"你早干什么了?你平时为什么不关心儿子的思想状况?为什么不好好教育他?为什么不教育他要靠劳动挣钱,靠劳动生活?为什么不告诉他用非法手段窃取钱财是死路一条?他犯罪被执行死刑,你当母亲是有责任的,是你没有真正关心她,是你没尽到教育职责……"

李秀春泣不成声,喃喃地说:"别说了,说什么都没用,已经晚了……"

子女犯罪不伏法,父母还来造伪证。
法官深入做调查,"救命稻草"不管用。

盲从惹祸

辽宁省鞍山市铁东区有个居民大院,这个大院由三座楼房围成一个"U"字形,院内共有150多户人家。18岁的冯长林就住在这个大院里。

冯长林是高中三年级学生,学习好,品行优,为人彬彬有礼。一般青年人爱疯闹取乐,他不。院里不少人说他是个"读书的料",是个"大学苗子"。这样的青年人前途无量。

春节过后临近正月十五。一天傍晚,冯长林在家学习累了到院子里散步,遇到邻居常凤山。常凤山比他大两三岁,两人平时尽管没有多少来往,但都在这个院子里住,是邻居,年龄相仿,接触的时间也多。常凤山拉着他的胳膊一边往大院外拽,一边说:"正好遇见你了,我求你,帮我办点事。"

冯长林一边跟他走,一边问:"什么事?"

"有人欠我几个钱,让我今天去取,我自己去没意思,你跟我走一趟。"

冯长林问:"去哪儿?"

"去海城。"

冯长林站住了，说："太远，我没时间。"

海城是个县级市，在鞍山南边，从鞍山乘火车得半个多小时。冯长林不去，常凤山就百般动员说："放寒假了，总在家待着干啥？跟我出去溜达溜达，去了取完钱就回来，也就是两小时吧，往返车费我拿，你跟去就行。"冯长林还是不肯，常凤山就连说带劝，连拉带拽，硬把冯长林拽到院外。

常凤山说："那边还有两个人等我，咱一起走，凑个热闹。"说着，常凤山在院外又拽了一个，一共是5个人，从鞍山上了火车，向海城进发。这是晚上6点半钟，当时是农历二月份，天已经黑了。

原来，常凤山有个姑姑在海城，春节期间，他去串门，姑姑家的表哥领他出去赌博，输给一个外号叫"邱蛤蟆"的1000多元。邱蛤蟆就住在姑姑家附近。听说，邱蛤蟆赢了许多钱，能有五六万元。常凤山认为赌博赢的钱不是合法收入，不受法律保护，抢了白抢，啥事不算，公安不抓，法院不判。基于这样的认识，再加上他输了钱有气，在一星期以前，他曾经领一个叫"大炮"、一个叫"小成"的先去了一次。当时，邱蛤蟆外出赌博不在家，家里只有他妻子、一个十来岁的儿子和一个60多岁的老爹。常凤山他们进屋就要钱，把邱蛤蟆媳妇吓得直哭。她越胆小，这三个人就越冲她去："快把邱蛤蟆赢的钱都拿出来，要不，把你们全家杀了！"

这女人吓哆嗦了，说："我确实不知道他赢钱了。他有钱也不往家拿。若不信，你们可以翻。"这三个小伙子真的翻起来。翻了一会儿觉得来的人少了，万一邱蛤蟆回来，全家人合力反抗，说不定要挨揍。常凤山他们没敢拖延时间，匆匆从一个破抽屉里翻出二三十元钱，又把老头儿戴的一块上海牌手表撸走，临离开邱家，常凤山告诉老头儿："告诉你儿子，给我们准备两千元，多了不要，少了不行。如果不给，你们全家就别想好，过一星期我们来取。"

他们走后，邱蛤蟆回来了，一听这事儿，马上跑到公安派出所报案，并说："这帮抢劫犯说一星期以后还来，请派出所派人保护我家的老小。"

派出所立即派人跟邱蛤蟆回家，仔细看了现场，觉得这帮人没伤到人，抢的东西连钱带物总计才几十元钱，就简单记下了现场勘查笔录，然后告诉邱蛤蟆："你要求派人保护你家老小，因为我们人力有限，这一点我们办不到。我们把人派到你家，别处的治安怎办？那帮人说是要再来，哪有抢东西先打招呼的，他们不怕蹲监狱啊？"

邱蛤蟆说："你们不派人，他们若真的来了，再杀死我家几口怎么办？"

"他们若真的来了，你赶紧报案。"

"他们来了也不能让我去报案！他们走了我再报案也晚了。"

"你们可以有点儿准备。他们真的来了，你们可以正当防卫，但不能往死里打。除非他们先动手打你们，而且有致死的可能，在这种情况下打死抢劫犯才不犯法。"

"真的吗？"

"正当防卫不犯法，但要注意，正当防卫，得是对方先动手了这才能开始防卫。"

邱蛤蟆没搬来兵，但懂得了正当防卫。

第二天，他借来一支双筒老猎枪，装上枪砂、火药，又准备了斧头、扎枪，一家人全副武装起来。过了六天，全家人晚上轮番睡觉，专等常凤山他们"光临"。这一夜没等着，第七天又等。

再说常凤山他们五人，到海城下火车，常凤山觉得时间太早不便动手，就说："走，咱先到饭店撮一顿，享受享受。"

冯长林说："抓紧时间，取完钱咱就回去。"

常凤山说："不着急，先吃饭。"说着，拉着冯长林他们就进了饭店。这伙人边吃、边唠，临近10点钟了，饭店老板催了几次，他们才付了钱离开这里。常凤山领这四个人向邱家进发。

邱蛤蟆家在市郊，他们走了挺长时间。常凤山途经姑姑家门口时又进去拿了一根扎枪。

冯长林说："别拿这个，像打架似的。"常凤山说："不带不行，欠钱那家有狗。"其实，他们哪里是讨债，是去抢劫的。常凤山怕他不去才没明说，直到这时冯长林也不知道他是跟来抢劫的。

夜深了，城郊很静，天上的星星十分醒目。接近11点，这五个人来到邱蛤蟆家大门外，四周一片犬吠。院门插着，常凤山人多胆壮，"咚咚"地用拳头砸两下，随后就一脚把门踹开。院内、屋里，全无灯光，也没声响。常凤山走在前头，冯长林走在最后，五个人都进了院。屋里的人都在黑暗中做好了"战斗"准备，只等常凤山他们先动手，然后就正当防卫。

常凤山先敲房门。那个叫大炮的站在窗外敲窗，敲了两下,屋内没反应,看见窗台上放个花盆儿,这花盆儿原先是放在屋内养花的,因为花死了,邱家才把它放在窗外。大炮抓起这个花盆就砸碎了一块窗玻璃。"哗啦"一声,声音特别大,屋内仍然没动静,还是一片寂静。常凤山此时举起扎枪,又扎碎房门上一块玻璃,想伸手开门。不料,这时邱蛤蟆的父亲正站在门里,紧贴门玻璃往外看情况,被常凤山一扎枪扎破了头皮。这老头儿用手一摸,湿乎乎的,知道出血了,就大喊:"他们动手了,给我打!"

直到这时冯长林才恍然大悟,这哪里是来取钱,分明是来打仗的,想往回走,但来不及了。

此时,邱蛤蟆正端枪站在屋内,向院里走动的人影瞄准。当时,冯长林在最后,离枪口远;常凤山在门口,在屋内又瞄不着;大炮在窗外来回走动,只有同去的小成离枪口不远不近,他站在猪圈门口,倚在一米来高的圈墙上,没走动。邱蛤蟆的枪口正瞄准他,听见父亲一喊,手指一勾,"轰"的一声巨响,窗玻璃碎了,一道火光射向小成,小成应声而倒,一头栽进猪圈里。

常凤山他们听见枪响,吓蒙了,知道邱家有准备,纷纷夺路而逃。他们跑到大门外,觉得吃亏了,为了求得心理上的平衡,就捡起地上的残砖碎石向院内雨点儿般地砸了一阵。此时,冯长林站在门外,思想上开始了斗争:怎么办,赶紧跑吧。这时,常凤山见别人都往院里抛石头,只有冯长林不动,就对他说:"快,把那边的几块石头递给我。"此时不知冯长林怎么想的,没跑,真的给常凤山递石头、递砖头,就像给他提供炮弹一样。

他们抛了一会儿砖石瓦块，不敢恋战，开始撤离，离开邱家大约500米，回头看了看，邱家人没追来，这才放慢了脚步。常凤山突然发现，跟他们一起来的人中缺一个，小成没上来。

怎么办？冯长林埋怨他，想自己走。常凤山说："不行，得回去找。少了一个回去怎么交代！"他带头往回走，冯长林等三人紧随其后。当他们走到大门口，向院里窥视时被听见枪声而赶来的公安民警当场抓获。

再说邱家，见那伙抢劫的被打跑了，院外没有声音，就开门出来查看。邱蛤蟆到猪圈门口，看看被他打的那个人跑没跑。往猪圈里一瞅，发现了躺在圈里的小成。他给拖出来，放到猪圈门口。不一会儿民警来了不少，大家把常凤山、冯长林、大炮等四人用手铐铐上带到派出所。受伤的小成被送到医院抢救，由于火药枪的枪砂打在脸部、胸部太多、太深，抢救了4个小时没抢救过来，小成死在医院里了。

常凤山一伙儿犯了抢劫罪，除了小成因死亡不再追究刑事责任以外，其余全被判处了刑罚，而且都判得很重。

冯长林和他的辩护律师都说，冯长林是被骗去的，只认为是讨债，并不知道是抢劫，主观上没有抢劫的故意，不能定抢劫罪。但法院经审理认为，刚开始去海城时，冯长林确实是被骗去的，但到后来情况发生了变化。常凤山到他姑姑家拿了扎枪，深更半夜闯入民宅，冯长林应当知道这不是讨债取钱，而是抢劫。更主要的是，邱家打了一枪，把他们赶出门外，冯长林这时应该知道，常凤山领他们不是来讨债，而是来抢劫，他应当赶紧离去，可是他没有，还给常凤山捡石头，帮常凤山砸邱家院子。这还不说，在他们跑远之后，发现小成没有了，他又跟常凤山再次回来……如此种种，说冯长林"只当是讨债、取钱，而不知道是到邱家抢钱"的辩护理由不能成立，因此没被采纳。

冯长林在即将报考大学之际走上了犯罪道路，被判处有期徒刑3年。这天晚上"跟着讨债"的事，毁了冯长林这个大学苗子一生的前途。

遇事三思，不能盲从；做人做事，要有主见。悬崖勒马，为时不晚；执迷不悟，必遇灾难。

诉至法院

10月19日上午10点多钟,辽宁省北镇市(辽西县级市)广宁乡张登科家突然窜进一只大黄猫,瞪着两只凶恶的眼睛,嗷嗷直叫,在屋里乱窜、乱叫,搅得人心惶惶,不得安宁。张登科有个12岁的儿子叫张禄,看见这猫不老实,想往外撵,刚走到它跟前,这猫竟然主动扑向张禄,对他又挠又咬,咬住张禄的一只手就不松口。这猫可真厉害,把张禄咬得直叫。他父亲看见了,急忙跑过去,一脚把猫给踢得老远。张禄手指被咬破,鲜血直流,他疼得甩着那只小手大声哭喊。

张禄父亲从抽屉里找出酒精棉球给擦了擦,又用一张创可贴把被咬破的小手给包扎好。手疼不止,孩子哭喊不止,张登科就把他领到邻居张金库家,对张金库说:"你家那只大黄猫可能是饿了,跑到我们家,各屋乱窜,还把咱孩子的手指给咬伤了。"说着指了指孩子的手让他看。

张金库说:"来,我看看,用不用到医院去上点药,重新包扎一下?这只猫以前一直在我们家,我养的,后来我岳母给抱走了,她说她要养着。养了一段时间她说太麻烦,就又给我送回来了。一送回来，我就发现这猫不老实，开始挠人、咬人。今天你们家的孩子被咬了，肯定不会骨折，只是破了点儿皮，你们看一看，如果需要，我可以领你们到医院去重新包扎。"张登科说："现在看来问题不大，如果引起炎症，以后再说吧。"他领儿子张禄在张金库家坐了一会儿就回家了。

他们回家以后，张禄的伤口很快就好了，没有任何症状，随着时间的推移，人们把这件事也就忘了。过了二十五六天，张禄发烧、疲倦、不安，被猫咬伤的部位开始疼痛。后来这孩子精神紧张、全身痉挛、怕光、怕声、怕水、怕风。口渴而不敢喝水，即使喝了也无法下咽。父母认为他是感冒了，起初没重视，看看病情加重，赶紧把他领到医院。经诊断，确认是患了狂犬病，从发病时起，第4天死亡。死亡的日期是11月19日，正好是被猫咬伤的一个月时间。

没被狗咬，怎么还会得狂犬病？是不是诊断错了？医生说，猫如果患了狂犬病，猫咬人的时候，猫身上狂犬病的病毒就会从猫的唾液中传递到人身上。刚开始时人没有患病症状，这是因为狂犬病有潜伏期，有了症状开始发病，其死亡率几乎100%，无法挽救。张登科后悔对狂犬病了解得太少，如果知道儿子张禄有患狂犬病的可能，被猫咬伤后立即注射防狂犬病疫苗，也许会避免这场悲剧的发生。

张登科处理完儿子的丧事以后，就拿着医院的诊断来找邻居张金库，跟他说："这有诊断书，我儿子是因为患了狂犬病去世的。医生说，被患有狂犬病的猫咬伤了，就会得狂犬病。我儿子是被你家的猫咬伤的，后来再没被其他猫和狗咬过。我儿子由于被你们家的猫咬伤，患上了狂犬病，这才导致死亡。你们看一看，这件事我们得怎么解决？"

张金库是张登科的邻居，张登科家在处理丧事时，他已经听说张禄是因为患了狂犬病而死亡的。对这件事，他心里有了准备，料到张登科家处理完丧事一定会登门来算账。由于两家平素关系和睦，张金库不想耍赖，就对张登科说："这样的事我们没经历过，也不知道应该怎样处理才符合国家的法律规定。这样吧，我们和平起诉，和平解决。法院怎么判我都没有意见，按照国家法律规定办。你到法院起诉吧，我们经官处理。"

张登科写了起诉状告到法院，法院首先进行调解。在调解中，原告张登科说："我儿子已经死亡，虽然是因为被张金库家的猫咬伤患了狂犬病而死亡，但他们不是故意的，他们也不希望发生这样的悲剧，再怎么说也挽回不了我儿子的生命。我们认为，是他们家养的猫咬人了，造成这样的后果，他们应该承担责任。具体怎样承担，就想让法院给依法处理。"

张金库则表示："是我们家养的猫跑到人家屋里，把人家的孩子咬伤，我们没什么证据能够说明人家孩子有过错，我们愿意听从法院的判决。"

由于双方当事人都比较通情达理，愿意通过法律程序来解决这个问题，也都表示要适当让步。主持调解的法官说："对这个问题如何处理，只能依照国家的法律办。《中华人民共和国民法通则》第127条规定，'饲养的动物造成他人损害的,动物饲养人或者管理人应当承担民事责任;由于受害人的过错造成损害的,动物饲养人或者管理人不承担民事责任;由于第三人的过错造成损害的,第三人应当承担民事责任。'"

在法院的主持下,在双方让步的基础上,被告张金库表示愿意赔偿,而原告张登科则表示,至于赔偿多少,由法院根据国家的法律规定和司法实践中的做法来确定。这起案件在双方都做让步的情况下,调解结案了。张金库做出赔偿。

有纠纷,心平气和地起诉,
让法院依法处理是解决纠纷的好方法。

方法不对

一位朋友在大连市沙河口区人民法院当法官,因为是同行,在一起闲聊时自然就聊到案件上来。

关于缓刑,我说:"应该尽量少判缓刑。由于法院一宣告缓刑,需要立即放人,在群众眼里,判了缓刑几乎就等于没判,所以对于不少情节轻微的刑事案件,即使是轻判,判一年、半年,也比判缓刑效果好。"我的朋友马上反对,说:"不对。有些案件应该判缓刑。比如我们法院最近就对一个故意伤害犯判处了缓刑。"我说:"故意把人打伤,犯罪了,怎能判缓刑?"他说:"案件千奇百怪,对有些案件判缓刑是对的。"说完,他就给我讲起他们法院最近判的这起案件的具体案情。

被打的是一个56岁的男子,叫贺林。那天晚上,他喝了一些酒,但没醉。他喝完往家走时是夜里11点半,由于时间太晚,公交车停运,他就独自一人往家走。

他走着走着,看见从前面不远的一个胡同里走出一个女子,跟他同向前行。这女子一步三回头,慌里慌张,明显是害怕的样子,大概是因为夜深人静怕遇见坏人。贺林考虑,自己回家也没什么事,早点晚点无所谓,反正就是回家睡觉呗，就想做点好事，决定护送她一程。

贺林跟这女子素不相识，为了防止这个女子害怕，就不靠近她，而是跟她保持一定距离，远处护送。他想：这女子如果遇见坏人，遭到侵犯就及时救援。女子往前走，他就在十多米远的后边跟随。后来这个女子可能是害怕了，小跑，贺林怕她一人跑到前方遇到坏人，也就跟着小跑。这个女子跑累了，放慢脚步，贺林怕离她近了引起她的恐惧，也放缓脚步，始终跟她保持一定距离，暗暗护送。

这个女子往前走了一段，遇见一个男子，女子对这男子说："后边有人总跟着我。"男子说："不要紧，由我来护送你，我一直能把你送到家，你放心吧。"他俩的声音不大，贺林没听见。这个男子跟这女子一直往前走，男子还回头对贺林大声喝道："大半夜的，你跟着这个女人干什么？快点儿滚开！"

这声音大，贺林听见了，但贺林很负责任，心想：你是什么人？你让我滚开我就滚开吗？我离开了，你好对她下毒手，这不可能。贺林不知道他们是熟人，况且遭到熟人侵害的也是有的，因此，贺林仍然不离不弃，还是保持一定距离跟在后边，防止这个女子遭遇不测。

这女子跟那个男子进了一个楼口，一直上到六楼。贺林在后边不放心，害怕她在楼道里遇到危险，就一直送到五楼。当他走到五楼时，听见六楼有开门和关门的声音，贺林还是不放心，在那儿站了一会儿，听见这女子在屋里的说话声，虽然没听清具体内容，但听见是说话，而不是喊叫、呼救。贺林知道她到家了，这才放心下楼。

这女子确实到家了，她途中遇见的男子，是她的熟人，因为听这个女子说，有人一直在后边尾随，这男子便把她一直护送到家。

这个女子到家后，把这个情况告诉给丈夫，说有个男子始终尾随着她。女子的熟人也证实了这种情况，而且说："这个人一直尾随在后，还跟进了楼里。"

女子的丈夫说："这简直无法无天了，我出去看看。"说完，就跟这个女子的熟人打开房门，两人顺着楼梯撵下来。走到三楼，遇见贺林，接下来的事情可想而知，不由分说，女子的丈夫和女子的熟人把贺林痛打一顿。这还不说，由于当时夜深人静，这两个人在楼道里打贺林，声音很大，惊醒了周围邻居，他们开门询问究竟，知道这个情况后，也都纷纷参战。这些人根本不由贺林解释，大家你一脚，我一拳，一直把贺林打瘫在地，不能动了，这才停止拳脚。他们向派出所报告，公安人员便着手处理这件事情。

到了派出所贺林讲清情况，众人不信，认为他是在狡辩。贺林说："我如果要侵犯这个女子，在她遇见熟人之前，我是有条件下手的，但我并没侵犯她。为了防止她产生误解而害怕，我始终都跟她保持一定距离护送她。另外，这个女子中途遇见了熟人，我并不知道是她的熟人，我还以为她被这个人劫持，我为了对这女子负责，更要把她护送到家，一直送到她家门口，她进了屋我才放心。"贺林还说："我即使被误解，使人们对我产生怀疑，这可以理解，但他们为什么不听我说明情况就对我大打出手。我即使是个坏人，我的人身权利也不容侵犯，他们应该把我送到公安机关，而不应该随意殴打。他们把我打成这个样子，必须承担法律责任。"

这个女子的丈夫叫刘飞，看见贺林被打得确实很重，就向他道歉，并表示要承担全部医疗费。贺林说："我没有半点儿要侵害这个女子的意思和行动，你们把我打完了，赔偿医疗费就算完事了吗？"

经法医鉴定，贺林的伤情构成轻伤。也就是说，刘飞的行为构成犯罪。由于这是一起案情简单的轻伤害案件，根据法律规定，这样的案件被害人可以自诉，人民法院也可以进行调解。贺林自诉后，人民法院进行了调解，最终做出这样的调解协议：认定被告人刘飞犯故意伤害罪，判处有期徒刑一年，缓刑两年；赔偿被害人贺林医疗费等经济损失共计1200元。

我的朋友讲完这起案件，我为在生活中发生这样的案件感到惋惜。

在一般情况下，好人做好事会得到好报，当然做好事别为了得到好报。像贺林这样做好事没得好报，许多时候是因为方法不当引起了误会。

 好事要做，方法要对；方法不对，引起误会。

家庭会议

辽宁省义县高台子镇的农民何长利,一天中午,他在家和妻子、儿子三人围坐在餐桌前吃午饭。他对妻子和儿子说:"今天中午咱外甥李林忠外出了,不跟我们在一起吃午饭。他不在,有件事我得跟你们两个说一说,也算是开一个家庭会议……"

他妻子笑嘻嘻地说:"你召开会议,你就是家长呗,是主席呗,谁选的?"

何长利严肃而认真地说:"别开玩笑,有件事咱得研究研究,也确实算是一个家庭会。前几天乡里司法助理来到咱村搞普法,讲了关于自首可以被从轻处罚的法律规定。他说,人有时一时糊涂,办了傻事,犯罪了。犯罪之后咋办,唯一正确的道路就是投案自首,争取从轻处罚。他说,有人潜逃,逃得了今天,很难再逃脱明天。有人犯罪之后潜逃十年、二十年仍然被抓回来。另外潜逃的生活提心吊胆,还会牵连别人。我觉得他讲得太对了,这简直就是专门给我们讲的。我外甥李林忠在我们这住了6个月,咱也不是不知道他为什么要到我们这里来住。一个20多岁的大小伙子,总在我们家长期居住也不是长久之计。"

原来,他21岁的外甥李林忠住在离这里15华里的杏树屯。两年前,他和一伙小哥们跟人打架,致一人死亡,二人重伤。案发后,公安机关迅速破案,他们这一伙一共四个人,其他三人被捕归案,只有他成了漏网之鱼,潜逃在外。公安机关曾经派人多次到他家及他的亲属家抓捕,均未抓获。公安机关告诉过他的家人和亲属,李林忠是犯罪嫌疑人,如窝藏,是犯罪行为,将受到法律制裁。检察机关将已经抓获的这三个人起诉,法院将他们分别判处了不同的刑罚。李林忠在外边流窜了一段时间以后,由于无处藏身,又不敢回家,在半年前跑到舅舅何长利家。何长利不想留,苦于李林忠的苦苦哀求,才没撵他,他就赖皮赖脸地在这里住下了。这一住竟然住了6个月。何长利劝过他,让他去自首,他不言语,不说去,也不说不去,就厚颜无耻地在这里住着。

何长利对妻子和儿子说:"不能让他继续在这住了。"何长利妻子说:"我早就想撵他,这不是你们那边的亲属吗?我不好意思,你早就应该撵他了。"

何长利的儿子何伟17岁,说:"撵不撵与我无关,我不管!"

何长利说:"他在我们家住6个月,他是犯罪之后躲藏到这来的,我们三个人谁也没撵他,我们都犯了窝藏罪。我们如果把他撵走,用不了多长时间他就会被抓起来。那时,我们都会受牵连,因为我们窝藏过他,给他吃的和住的。我们现在必须到公安机关去举报。我看,这事得这么办,等晚上李林忠回来,何伟就马上到乡派出所去举报。我就劝他去自首,他如果去,这就更好了,我领他去。他如果不去,派出所得到了我们家的举报也会派人来抓他。这是我们三个人集体决定的,各有分工,出了事儿,我们三个人都可以得到司法机关的从轻处理。"

何长利妻子说:"早就应该这么办。李林忠是20多岁的小伙子,在我们家出出进进,即使我们不举报,村里人早晚会有人举报。我们不把他撵走,我们都会受牵连,这日子就没法过了。"

事情就这么决定了。傍晚,李林忠回来了,何长利向儿子递了一个眼色,何伟领会其意,默不作声地离开了家。这时,何长利就对李林忠说:"你一时做错了事,犯罪了,别想走别的路,只能去自首。你在我们家总是这么住着,我们有责任,你迟早会被抓去。如果你被抓去,还不如自己去自首,自首可以得到从轻处罚。"

李林忠默不作声。何长利又继续劝,觉得李林忠如果再不去,派出所的人就会来到这里,于是就拽他说:"你今天必须得去,我昨天夜里做了一个梦,梦见你被公安机关抓去了,被枪毙了,我们一家三口也都被公安局抓去了,把我吓醒了,太可怕了。"说着就拽他去自首,说:"法律有规定,自首了,可以得到从轻处罚。"

李林忠听舅舅一番劝说,又听舅舅说做了一个梦,就犹豫起来。何长利觉得,去自首,应该赶在公安人员来到之前,就拽着他一只胳膊往乡派出所去。何长利的妻子按照事先的安排,紧随其后,意图是如果李林忠想逃跑,便于夫妻二人一起动手把他摁住。

快到乡公安派出所门前,看见一辆警车从院里驶出,这是何伟领公安人员去他家抓捕李林忠的。坐在车里的何伟对公安人员说:"别去了,他们来了!"

李林忠被舅舅和舅妈送到派出所,如实供述了两年以前曾经参与的打架斗殴致人死亡的犯罪事实。法院审理这起案件时,认定李林忠具有自首情节,对其从轻处罚了。何长利一家三口,虽然允许犯罪嫌疑人李林忠在家里住了半年,已经构成窝藏罪,但鉴于他们全家有规劝和扭送李林忠去公安机关自首的大义灭亲行为,司法机关未对他们的窝藏犯罪行为予以处罚。

 窝藏罪犯是犯罪,规劝罪犯自首这才对。